Günther Schwab
... aber wir fürchten uns nicht!

# ...aber wir fürchten uns nicht!

Eine Collage
von Günther Schwab

Adolf Sponholtz Verlag
Hameln/Hannover

Die Deutsche Bibliothek – CIP-Einheitsaufnahme

**Schwab, Günther:**
... aber wir fürchten uns nicht! : Eine Collage / von Günther
Schwab. – Hameln ; Hannover : Sponholtz, 1994
  ISBN 3-87766-093-2 kart.
  ISBN 3-87766-092-4 Gb.

© 1994 by Adolf Sponholtz Verlag, Hameln/Hannover
Satzherstellung: Richarz Publikations-Service
Umschlagfoto: © Creastock/BAVARIA
Gesamtherstellung: Ueberreuter Buchproduktion, Korneuburg
Printed in Austria
ISBN 3-87766-093-2 (Kartoniert)
ISBN 3-87766-092-4 (Gebunden)

„Lasset uns hoffen, daß der Weiße Mann in seinem Untergang die gleiche Seelengröße zeige wie der Indianer Nordamerikas."

*Maximilian von Gagern (1810-1889)*

# Inhalt

# Die Menschenbombe

Das Leben in seiner ewigen und unabänderlichen Gesetzlichkeit ist die höchste irdische Instanz. Es hat kein anderes Ziel als das seines Fortbestandes in Gesundheit und Kraft.

Das Dasein des Einzelwesens aber ist kurz, weil es sich abnützt und verbraucht. Die Natur hat ihm daher – ob Pflanze, Tier oder Mensch – als höchste Aufgabe und Erfüllung seines Daseins die immer wiederholte Verjüngung aufgetragen, d. h. als stärksten Trieb den zur Fortpflanzung eingeboren. Eine Lebensform, die sich dieser Aufgabe entzieht, hat der Gemeinschaft der Lebenden den Rücken gekehrt und sich auf eine schiefe Ebene begeben, die zum Abgleiten in den Tod führt.

So gewichtig erscheint das Anliegen der Fortdauer des Lebens, daß die Natur, um sicher zu gehen, ihre schlummernden Lebenskeime billionenfach ausstreut, weit über jedes Maß und Ziel hinaus. Würden Sie alle zu wachsen beginnen, so müßte das Leben auf der Erde nach kürzester Zeit an sich selbst ersticken. Die Natur hat daher als Notbremse und Sicherheit die Härte des Lebens eingesetzt.

Seit es Leben gibt auf der Erde, sorgen unabdingbare Naturgesetze für die Aufrechterhaltung der Lebensharmonie, d. h. die Ausgewogenheit aller Lebensformen und Kräfte. Wo immer eine Lebensform sich über die ihr gezogenen Grenzen hinaus zum Nachteil anderer Lebensformen vermehrt oder mästet, setzt die Natur ihre bewährten einfachen Polizeikräfte ein, um die Ordnung wieder herzustellen: natürliche Feinde, Kälte und Hitze, Dürre und Wasserflut, Hunger und Krankheit. Sie alle und ein jedes für sich vermögen als Regulativ zu wirken.

Der Mensch ist das erste und einzige Wesen, das es verstand, sich diesen Regelkräften zu entziehen oder sie vorübergehend in den Hintergrund zu drängen. Er hat die Notbremse der Natur für sich außer Kraft gesetzt. Dadurch erst schnellte die Menschenzahl auf der Erde über alle Begriffe und Vorstellungen in die Höhe.

Angeblich vermehrt sich die Menschheit an jedem Tag um 300.000 bis 350.000 Köpfe, d. h., so viele Menschen werden mehr geboren als sterben. Das sind vier Menschen in der Sekunde. Das ist jeden Tag eine Großstadt, die vom Himmel fällt. Das sind 365 Großstädte im Jahr, Menschen, die nicht nur essen wollen, sondern auch einen gewissen Mindest-Lebensstandard beanspruchen. Diese verhängnisvolle Explosion der Menschenmassen anzuhalten, gibt es anscheinend keine Möglichkeit. Und es ist nur noch eine Rechenaufgabe für einen begabten Volksschüler, um zu ermitteln, wann der letzte Quadratmeter anbaufähigen Bodens verbraucht, erodiert, verseucht oder verbaut sein wird, wann der letzte Baum fällt und wann das letzte freilebende Tier stirbt. Wenn es nicht gelingt, dieses brennendste aller Menschheitsprobleme zu lösen, so gibt es keine *anderen* Probleme mehr für die Menschheit.

Der durchschnittliche Bevölkerungszuwachs beträgt auf der ganzen Welt etwa zwei Prozent. Dies scheint nicht viel zu sein, doch gibt es Völkerschaften, die den Durchschnitt um das Doppelte und Dreifache übertreffen. Interessant und typisch ist, daß in 90 Prozent der überdurchschnittlich wachsenden Völker neben sozialen und wirtschaftlichen Schwierigkeiten auch Stammeskonflikte oder Bürgerkriege herrschen.

In Ruanda (Afrika) hat jede gebärfähige Frau durchschnittlich acht Kinder. Mütter mit bis zu 18 Kindern sind keine Seltenheit. Ebendort herrscht seit Jahr und Tag ein blutiges Gemetzel zwischen zwei Negerstämmen. Die Zahl der Toten soll eine Million bereits überschritten haben.

Die verhängnisvolle Fruchtbarkeit der Dritten Welt indes wird diese Verluste innerhalb von drei Tagen mehr als ausgeglichen haben.

Bereits heute ist die Besiedelungsdichte des Planeten nicht nur für den Menschen, sondern vor allem für die Natur zu hoch, von der die Menschen leben sollen.

Das Konzept der Weltgesundheitsorganisation WHO der UNO „Gesundheit für alle im Jahr 2000" ist an der unheimlichen Vermehrung der Bevölkerung vor allem in den Entwicklungsländern völlig gescheitert (nach *Robert Par*).

Man darf keineswegs annehmen, daß z. B. ein tiefer Lebensstandard zu einer Abbremsung der Bevölkerungsexplosion führt. Wenn das Leben bedroht ist, steigert die Natur die Fruchtbarkeit. In Sicherheit und Überfluß sinkt die Fortpflanzungsrate. Obwohl Asien fast 59 Prozent der Weltbevölkerung beherbergt, erwirtschaftet es weniger als ein Viertel des Weltbruttosozialprodukts. Während Afrikas Bevölkerung um 31 Prozent zunahm, stieg das Pro-Kopf-Einkommen um lächerliche zwei Prozent. In den vielen Problemländern leben Menschen, die mit einer Wachstumsrate von über drei Prozent ein wachsendes Heer der Chancenlosen entstehen lassen, Sprengstoff für unser aller Zukunft.

Die Bevölkerung Asiens und Afrikas von heute 3,66 Milliarden dürfte bis zum Jahre 2020 auf 6,62 Milliarden anwachsen. Die Bevölkerungsdichte würde hierbei in

Asien um fast 70 Prozent und in Afrika um 135 Prozent zunehmen.

Insgesamt wird die Weltbevölkerung bis zum Jahre 2020 um fast 70 Prozent auf 8,7 Milliarden Menschen anwachsen, während gleichzeitig das Bruttosozialprodukt je Einwohner um 22 Prozent – d. h. unter 3.000 Dollar pro Kopf und Jahr – sinken dürfte.

Bei natürlichem Nahrungsangebot aus der Umwelt und ohne Eingreifen der medizinischen Wissenschaft hätte die Natur die Vermehrung des Menschen vermutlich schon bei einer Milliarde eingegrenzt. Damit wäre die Erhaltung der natürlichen Umwelt und vermutlich eine höhere Menschenqualität gesichert gewesen.

Um eine Menschheit von neun Milliarden Köpfen zu versorgen, müßte die Produktion der Weltwirtschaft verfünffacht werden. Es ist uns indes heute schon klar, daß ein weiteres Wachstum der Wirtschaft nicht möglich ist oder tödlich werden kann.

Schon bald wird sich eine immer noch weiter anwachsende Menschheit um immer spärlicher werdende Rohstoffe, um immer knapper werdendes Wasser, schwindenden Ackerboden und Wald balgen. Da ist dann jedes Mittel recht. Der sich abzeichnende weltweite Konflikt und das Aufbegehren sozial unterprivilegierter Rassen und Völker wird weder durch die bisherige technische Überlegenheit der „westlichen" Länder, noch durch die Lieferung von Lebensmitteln oder Waffen zu lösen sein.

Die sozial- und wirtschaftspolitischen Folgen, die das mit sich bringen wird, kann nur derjenige verdrängen, der heute mindestens 60 Jahre alt ist. Er hat nämlich eine statistische Chance, das Jahr 2020 nicht mehr zu erleben.

Es muß also jedem denkenden Menschen klar sein, daß wir sehenden Auges in eine Katastrophe hineintaumeln, wenn nicht rechtzeitig das „Ruder" herumgerissen wird. Mit friedlichen Mitteln wird die Situation später nicht mehr in den Griff zu bekommen sein.

Der Wiener Soziologe *Heinz B. Schmutzer* macht einen bemerkenswerten Vorschlag zur Lösung der Krise. Man müßte jeder Frau in den hungernden Ländern ab dem 12. Lebensjahr, solange sie kein Kind bekommt, monatlich eine kleine Prämie, etwa fünf Dollar auszahlen. Wenn man annimmt, daß für eine solche Aktion auf der ganzen Welt etwa eine Milliarde Frauen in Betracht kämen, so würde sie monatlich fünf Milliarden Dollar beanspruchen, das sind 60 Milliarden Dollar pro Jahr oder etwa ein Prozent der Rüstungsausgaben der Welt. Ist das ein zu hoher Betrag, um die Menschheit vor dem Untergang zu retten?

Die Schwierigkeiten sehen wir allerdings vor allem im Aufbau einer solchen weltweiten Organisation und in der strengen Kontrolle der Prämienverteilung.

# Die Menschenwelle

Nun wird man sagen: Diese Bevölkerungsexplosion vollzieht sich gottlob nicht in Europa, sondern in der sogenannten Dritten Welt, also weit entfernt! Aber geben wir uns keinen Illusionen hin! Europa, Asien und Afrika bilden ein kommunizierendes System, d. h. eine Gruppe miteinander zusammenhängender Lebensräume. In einem solchen System gibt es keine Druckunterschiede. Wenn an einer Stelle des Systems der Druck ansteigt, so muß er zwangsläufig in die Räume mit Unterdruck abfließen. Das ist ein ganz einfaches physikalisches Grundgesetz, das sich weder durch papierene Menschenverordnungen noch durch Waffengewalt außer Kraft setzen läßt.

Und schon strömen Menschen aus den anderen Räumen nach Europa. Was wir heute auf diesem Gebiet erleben, ist nur ein Anfang. Die bevorstehende „größte Völkerwanderung aller Zeiten" wird wohl bereits in den nächsten Jahren sämtliche Hochrechnungen der Vergangenheit ad absurdum führen.

Allein in Nordafrika rechnet man für die nächsten 30 Jahre mit 130 Millionen Auswanderern. Bei Tag und bei Nacht kommen in kleineren oder größeren Booten zahlreiche Menschen aus Nordafrika über das Mittelmeer nach Europa. Die Küsten von Portugal bis Griechenland wissen davon ein Lied zu singen. Viele ertrinken, andere werden von den Zoll- oder Polizeibeamten abgefangen. (Was nicht bedeutet, daß man sie zurückschickt.) Die übrigen erreichen den Kontinent und wandern nordwärts (nach *Robert Par*).

Die 180 Grenzkilometer an der Küste des Departements Alpes-Maritimes sind Frankreichs poröseste Stelle. Nach Schätzungen sickern dort allein im Jahr 200.000 illegale Afrikaner ein. Nur 30 Prozent davon werden von der französischen Polizei aufgegriffen, der Rest bleibt in Europa. In hundert Jahren wird Westeuropa von farbigen Menschen bewohnt sein.

Mit dem Andrang der nach Arbeit und Wohlstand strebenden Migranten und dem Vordringen des islamischen Fundamentalismus kündigt sich eine beängstigende Herausforderung Europas an. Vor 40 Jahren gab es in Wien zwei Moscheen, heute sind es 180 islamische Bethäuser und Moscheen. 1970 gab es in Deutschland drei Moscheen. 1994 sind es 1.500 Bethäuser oder Moscheen.

Wie schnell die gigantische Bevölkerungsbewegung und Umschichtung sich vollziehen kann, zeigt folgende Hochrechnung bei gleichbleibender Tendenz, ohne jeden weiteren Zuzug von Ausländern:

Deutschland heute: 74 Millionen Deutsche und zwei Millionen Moslems (die nicht moslemischen fünf Millionen Ausländer und Asylanten bleiben hier völlig ausgeklammert).

In der ersten Generation sind zu erwarten:
48 Millionen deutsche –
vier Millionen moslemische Kinder;
in der zweiten Generation:
31 – 8
in der dritten Generation:
20 – 16
in der vierten Generation:
13 – 32
in der fünften Generation:
neun Millionen deutsche –

64 Millionen moslemische Kinder
(nach *Robert Par*).

Heute haben 100 europäische Frauen durchschnittlich 130 Kinder, 100 in Europa lebende türkische Frauen haben dagegen 400 Kinder.

Im Jahre 1992 hat die Zahl der Inländergeburten in Österreich um 2,4 Prozent abgenommen. Die Ausländergeburten sind um 30,4 Prozent gestiegen. Die Zahl von Kindern mit Eltern aus den Gebieten des ehemaligen Jugoslawien verzeichnet jedoch den unglaublichen Anstieg von 51,6 Prozent. Die Hälfte aller in Österreich geborenen ausländischen Kinder haben mohammedanische Mütter. In Wien hat bereits jeder vierte Säugling ausländische Eltern.

Eine Verschiebung dieser Ziffern wäre allenfalls zu erwarten, wenn die Europäer angesichts ihres Untergangs eine Renaissance mit Geburtenanstieg erleben würden (was bei der Schwäche der biologischen Substanz und der wachsenden Dekadenz zweifelhaft ist), und wenn der Wohlstand der Einwanderer zu einem Sinken ihrer Geburtenrate führen sollte.

Da ist jetzt von französischen Zeitungen ein besonders exemplarischer Fall aufgegriffen worden. Ein Einwanderer aus dem ehemals französischen Zentralafrika lebt mit der stattlichen Anzahl von 20 Kindern in Frankreich, bezieht für sie Beihilfen und hat solchermaßen ein ebenso sicheres wie arbeitsloses Einkommen. Aber wie kommt einer überhaupt zu 20 Kindern? Ganz einfach: Indem er, wie im vorliegenden Fall, drei legale Ehefrauen hat. Nun wird man fragen: Ist in Frankreich die Polygamie legal? Antwort: nicht für eingeborene Franzosen, wohl aber für Zuwanderer moslemischen Glaubens. Das hat schon im Jahre 1980 ein französisches Höchstgericht in aller Form dekretiert. Seither aber sind die Zweit-, Dritt- und Viertfrauen moslemischer Einwanderer gemäß den Bestimmungen der „Familienzusammenführung" scharenweise ins Land nachgekommen. Wobei als besonders apartes Detail vermerkt wird, daß so mancher legal polygame Muselmann aus dem Ertrag seiner bisherigen Kinderbeihilfen eine zusätzliche junge Ehefrau erwirbt, für die er in den Gebieten von Mali bis Senegal einen Kaufpreis zwischen 40.000 und 80.000 Schilling zu erlegen hat.

Auf diese Weise ist die Zahl der „polygamen" Haushalte in Frankreich im Laufe von rund 20 Jahren auf etwa 40.000 angestiegen.

Was hat der lendenlahme Europäer dagegen einzusetzen?

## „Mein Bauch gehört mir!"

Während die Menschheit an allen Rundungen des Planeten explodiert, werden in der gesamten westlichen Welt, das ist der Lebensbereich des farblosen Menschen, jährlich etwa 50 Millionen Embryonen abgetrieben. Die Geburt weiterer 50 Millionen Kinder dürfte „verhütet" werden. Das bedeutet, daß der „Weiße Mensch" sich aus der Schöpfungsgesellschaft bereits abgemeldet hat. Er hat keinerlei Überlebens-Strategie mehr. Würde der himmlische Verleger ein neues Lehrbuch der Naturgeschichte herausbringen wollen, so käme darin die weißhäutige Spielart des homo non sapiens vermutlich nicht mehr oder nur auf der Liste der aussterbenden Lebensformen vor.

Es ist erst 80 Jahre her, da mußte ein junger Mann heiraten, wenn er eine Frau haben wollte, weil es keine andere Möglichkeit gab, eine Frau für sich zu gewinnen. Damit waren die Voraussetzungen gegeben für die Gründung einer Familie mit Nachwuchs. Heute kann ein Mann jede beliebige Frau haben, noch dazu – unter Voraussetzung gewisser Vorsichtsmaßregeln – ohne Verpflichtung und Risiko.

In den zwanziger Jahren dieses Jahrhunderts kamen die Parolen von der „freien Liebe" auf. Man empfahl die Befreiung der Sexualität von jahrhundertealten Tabus. Wer damit nicht einverstanden war, galt als verzopfter, vertrottelter Spießbürger und wurde verlacht.

„Mein Bauch gehört mir!" Dies war die Parole, die von gewissen emanzipierten Frauen stolz in die Welt getragen wurde. Damit meinte man das Recht auf sexuelle Freizügigkeit und auf Abtreibung. Die Geschlechtsorgane sollten nur noch der Freizeitgestaltung dienen. Keine Mütter mehr! Nur noch Kondomhäs'chen und Pillenmariechen und – wenn einmal etwas „schief" ging – Abortusweibchen..., und statt des Kindes – einen Teddybären im Arm.

Es begann mit der „freien Liebe" und endet mit dem Aussterben des europäischen Menschen. Und dies nach einer Entwicklungszeit von nicht einmal hundert Jahren. Gewiß, dein Bauch gehört dir, liebe Europäerin! Dafür aber geht dir dein Europa verloren!

Und doch scheint es Leute zu geben, denen das Aussterben des europäischen Menschen nicht schnell genug geht. In Europa wird das Ausnehmen eines Vogelnestes bestraft, das Auskratzen eines Kindes vom Steuerzahler aber mitfinanziert.

Die Präsidentin des Deutschen Bundestages fordert die Freigabe der Abtreibungspille, also legalisierten Massenmord. Die jahrzehntelang betriebene heimtückische Zerstörung der Familie, ja jeglicher Ordnung, seelische Entwurzelung, verbunden mit der dialektischen Umkehrung aller Werte und Traditionen liegen auf der gleichen Linie. Automatik des Untergangs.

Schon vor 20 Jahren hat ein österreichischer Minister den Tag der Legalisierung der „Fristenlösung" als „Geburtstag der Republik Österreich III" gepriesen.

In 20 Familienberatungsstellen Österreichs werden Verhütungsmittel kostenlos an die Jugendlichen und an sozial Schwache abgegeben. Dieses Modell wird rund 35 Millionen Schilling kosten und zwei Jahre lang laufen. In der EU plant man flächendeckende Verteilung von Gratiskondomen an allen Schulen. *„Finis Europae"*.

# Dekadenz

Der Mensch hat der Natur eine ganze Reihe von Schnippchen geschlagen, indem er sich aus der Verantwortung alles Lebenden davonstahl und die Regelkräfte – teilweise und vorübergehend – unwirksam machte. Er weiß mit seinen Waffen den wilden Tieren zu begegnen, oder er hat sie ausgerottet. Er hat durch Ackerbau und Vorratswirtschaft für einen Teil der Menschheit den Hunger besiegt. Er weiß sich vor den Härten des Klimas zu schützen, und die ärztliche Kunst hat den akuten Seuchentod und die Säuglingssterblichkeit überwunden – und damit die positive Auslese beseitigt.

Der Mensch darf aber nicht glauben, daß er damit die Natur etwa entmachtet hätte! Langsam und unausweichlich holt die Natur aus zum vernichtenden Schlag gegen die Hypertrophie des Menschentums.

Eine Gefahr für sich stellt die fortschreitende Perfektionierung unserer Lebenshaltung dar, die auf vielen Gebieten heute schon zu einem Knopfdruckleben geworden ist. Aber je weniger wir uns um die Belange unseres Lebens persönlich kümmern müssen, um so instinktärmer werden wir, um so sinnentleerter und – körperlich wie geistig – inaktiver leben wir. Ein nicht benötigtes und nicht trainiertes Immunsystem stellt seine Arbeit und Funktiontüchtigkeit nach und nach ein. Ein nicht benötigter Geist verkümmert.

Es gibt Länder, die übersozialisiert sind. Dies kann zu einem Abbau des Immunsystems und einer Steigerung der Verweichlichung führen.

Die Dekadenz beginnt mit der Verarmung des Ackerbodens an Vitalstoffen und Spurenelementen. Das Fehlen von Jod führt zum Kretinismus, der Mangel an Phosphor lähmt die Intelligenz. Die psychische Schwächung verursacht Depressionen, Trägheit, Drogensucht, Sexbesessenheit, Vorliebe für gewaltsame Schauspiele, Verbrechertum. Sie führt im weiteren Verlauf zu Despotismus, Klassenkampf und sozialer Unstabilität. Dies sind die spezifischen Symptome der klassischen Dekadenz.

In Deutschland ist die Dekadenz besonders weit fortgeschritten. Mindestens 850.000 Bundesbürger sind von Beruhigungs- und Schlafmitteln abhängig, mehr als 1,1 Millionen sind durch Medikamente akut suchtgefährdet. Am ärgsten betroffen sind Frauen über sechzig. Von ihnen ist jede Zehnte tablettenkrank.

Die blühendsten Industrien sind diejenigen, welche die Dekadenz ausbeuten: die Medizin, welche die Dekadenz der Gesundheit benutzt, die chemische Landwirtschaft, welche die Degradation des Bodens benutzt. Man könnte fast sagen, unser ganzes gegenwärtiges Gesellschaftssystem entwickelt die Dekadenz und nützt sie aus.

Die Müdigkeit der biologischen Substanz, d. h. die Dekadenz, ist verbunden mit einem Verlust der Ethik. Eine Reihe wichtigster menschlicher Werte geht verloren: Ehre, Treue, Anstand, Verantwortungsgefühl.

# Die Seuche

Die Massenerkrankungen durch Seuchen und Krebs sind auf allen Kontinenten im Vormarsch, wobei die Erkrankungen infolge der Umweltzerstörung noch nicht abschätzbar sind. Die Zahl der an Aids Infizierten schätzt man auf 15 Millionen. Die Dunkelziffer dürfte dreimal so hoch sein. Täglich kommen fünftausend Neu-Infizierte dazu. Bis zum Jahre zweitausend rechnet man mit hundert Millionen Aidskranken.

Noch immer sind unzählige HIV-infizierte Blutkonserven im Umlauf. Derzeit sind 1.836 der 3.000 ständig behandlungsbedürftigen Bluter in Deutschland mit Aids infiziert. Eine jetzt veröffentlichte Liste mit 373 Aids-infizierten Blutpräparaten ist nur die Spitze des Eisberges.

Aids-Aufklärungskampagnen gehen an der Mehrheit der Amerikaner vorbei: 67 Prozent aller US-Bürger im Alter von 21 bis 40 Jahren gaben bei einer Umfrage zu, bei sexuellen Kontakten sich gegen die Infektionsgefahr mit dem tödlichen HIV-Virus nicht zu schützen. Ähnliches hört man aus den Niederlanden. Die Zahl der Aids-Infizierten in den USA verdoppelte sich von 1992 bis 1993. In den vergangenen acht Jahren stieg die Zahl der Aidskranken von zwei auf neun Prozent der Bevölkerung.

Die unabhängige Wissenschaft hält die Entwicklung von Impfstoffen oder Heilmitteln gegen Aids für ausgeschlossen. Selbst eine lückenlose Verwendung von Kondomen würde die Ausbreitung der Seuche nur verzögern, nicht verhindern.

Der leider zu früh verstorbene Lebensschutzpionier

*Hoimar von Ditfurth* prophezeite: „In hundert Jahren ist Afrika ein menschenleerer Kontinent: Hunger und Aids".

# Die Familie stirbt

Das althergebrachte Lebensschema: Ausbildung, Heirat, Familie, Kinder – ist im Aussterben begriffen. Wir leben in einer kulturellen Auszehrung des Heiratsmotivs.

Die Auflösung der Familienstruktur greift mit elementarer Gewalt in den Erfahrungsraum beinahe jedes Menschen ein. Die Familien mit Tradition, Disziplin, Mäßigung, Sittlichkeit, Demut, Achtung vor dem Alter sind selten geworden. Die meisten Jugendlichen haben zu allen diesen Tugenden keine Beziehung mehr.

Der Gedanke, einem Partner Treue zu schwören „in guten wie in schlechten Tagen bis daß der Tod euch scheidet" scheint vier von fünf Engländerinnen nicht mehr zeitgemäß. Bei einer Umfrage erklärten 78 Prozent der Frauen, die „ewige Bindung" an einen Ehemann sei veraltet, unrealistisch oder sogar unnatürlich. Parallel dazu läuft die Nachkommenverweigerung.

Die hohen Scheidungszahlen, die niedrige Geburtenziffer und die Vielfalt praktizierter Partnerschaftsmodelle werfen die Frage auf, ob die Familie nicht bereits ein Auslaufmodell sei. Immer mehr und mehr Menschen verzichten darauf, das Abenteuer einer Familiengründung zu wagen. Damit ist die Grundlage der Gesellschaft gefährdet.

Nur vier Prozent der Haushalte in Deutschland umfassen fünf und mehr Personen. Nur 14 Prozent der Haushalte umfassen vier Personen. 18 Prozent der Haushalte umfassen drei Personen. 36 Prozent der Haushalte umfassen zwei Personen und 43 Prozent der Haushalte umfassen nur je eine Person. Das bedeutet, daß wir bereits heute in einer Isolationsgesellschaft leben, die zugleich eine Scheuklappengesellschaft ist. Zwischenmenschliche Kontakte fehlen. 1,4 Millionen Bundesbürger haben in den letzten 24 Stunden mit niemandem gesprochen.

Das Millionenschicksal der Einsamkeit, aber nicht nur das einsame Leben, sondern auch der einsame Tod werden vorherrschend. Anzeichen für die Auflösung.

Die weiße Gesellschaft wird ein Volk von Einzelgängern. In seinem Großstadtapartment, ausgestattet mit allem technischen Komfort, sitzt der Single und beschäftigt sich vor dem Hintergrundgeräusch des laufenden Fernsehers mit sich selbst. Die Entwicklung der Technik übertüncht die Vereinzelung und treibt sie gleichzeitig voran.

Die Zahl der Einpersonenhaushalte in Deutschland ist seit 1972 von sechs auf zehn Millionen gestiegen. Mehr als die Hälfte aller deutschen Kinder wächst neuen Statistiken zufolge als Einzelkind auf, nur jede zehnte Familie hat mehr als zwei Kinder.

Das Singledasein führt zu Ich-Kult und falsch verstandener Selbstverwirklichung. Und nicht nur das, sondern auch zur Entfernung von politischem und sozialem Handeln. In der Ichbezogenheit schwindet nicht nur der Wert der Gemeinschaft, sondern auch die Fähigkeit zur Gemeinschaft. Schon jeder vierte deutsche Großstädter ist neurotisch und beziehungsgestört. Die Städte sind gefüllt mit Einzelnen, die zu niemandem gehören.

# Bankrott der Erziehung

Die sogenannte weiche Welle in der Kindererziehung hat ihre verhängnisvollen Spuren hinterlassen. Kinder brauchen Vorbild, brauchen Führung und Strenge, brauchen ein klares Ja oder ein klares Nein.

Diese Strenge muß aber eingebettet sein in ein unbedingtes Jasagen zum Kind und in viel Liebe. Wenn man beobachtet, wie Eltern aus einer falsch verstandenen Liebe heraus ihre Kinder verwöhnen und verhätscheln, mit reichlich Taschengeld und Computerspielen versorgen und ihnen alles durchgehen lassen, weil sie selbst zu wenig Zeit und Nervenkraft haben, sich mit ihnen auseinanderzusetzen und sie einzubremsen, dann wundert man sich nicht über die Zunahme der Gewalt, über den steigenden Konsum von Nikotin und Alkohol und nicht zuletzt auch über den Zugriff zu Drogen. Ein schwaches Daheim ist das Sprungbrett zu Orientierungslosigkeit, zunehmender Verrohung und Kriminalität. Solange die Familien nicht in Ordnung sind, hilft auch kein Aufmarsch der Psychologen.

Die heutige Jugend strebt eher nach Wohlstand als nach Anstand. Das Elternhaus ist nur noch eine Versorgungseinrichtung, die Schule zu einem Lehrstoffvermittlungsinstitut geworden. Erziehung zur Verantwortung und Charakterstärke findet in unserem Schulsystem nicht statt. Auch die falsche Erziehung ist Auswirkung einer Schwäche der biologischen Substanz.

Viele Kinder tanken sich schon daheim mit Aggressionen voll, manche Familien sind einfach brüchig geworden. Es mangelt an Heimat, Geborgenheit, Gespräch. Fernsehen kann das nicht ersetzen.

Diese Erscheinungen umreißen den ganzen Zukunftshorror, dem wir entgegengehen. Sich an Regeln halten und Rücksicht üben ist mit Selbstdisziplin, Arbeit und Verzicht verbunden. Jeder müßte bei sich selbst anfangen – aber nur wenige sind dazu bereit (*Trude Sagmeister, Kronenzeitung*).

Es gibt Eltern, die wissen nicht einmal, daß ihre Kinder Drogen nehmen. Sie fallen aus allen Wolken, wenn die Polizei kommt. Wo haben diese Eltern ihre Augen? Welche Beziehung haben sie zu ihren Kindern?

Die als Allheilmittel gepriesene antiautoritäre Erziehung scheint kein Appell an das Gute im Menschen zu sein, sondern an das Gegenteil, weil niemand lernt, etwas zu ertragen, auszuhalten, zu verantworten oder Selbstkontrolle aufzubringen. Dies führt fallweise zu „neuartigen" Selbstmorden aus läppischen Gründen, wie z. B. Führerscheinentzug oder Verweigerung des Discobesuches u. ä.

Was die Jugend braucht, ist Fordern, nicht Verwöhnen. Der Mensch ist von Natur nicht auf das Schlaraffenland programmiert. Die Kinder sind in Gefahr, in ein Dasein ohne Inhalt oder mit falschen Werten abzuschwimmen. Der Druck der Umwelt wird immer stärker. Brutalität und Gewalt markieren den Alltag. Tabuschwellen bei Kindern und Jugendlichen sinken. Wohlstandsverwahrlosung, Ladendiebstähle, blinde Zerstörungswut nehmen zu. Schimpfworte aus dem Fäkal- und Intimbereich gehören heute zum Wortschatz der Kinder.

Der Gesundheitszustand der Jugend hat sich in den vergangenen fünfzig Jahren spürbar verschlechtert. 34 Prozent aller Jugendlichen klagen über allergische Erkrankungen wie Hautausschlag, Neurodermitis, Heuschnupfen oder Asthma.

In Österreich sind 900.000 von 1,1 Millionen Schulkindern gesundheitlich geschädigt. Jeder dritte Volksschüler leidet an Haltungsschäden, jeder vierte an Karies, jeder zehnte an Sehschwäche. Immer mehr gestreßte Schüler greifen zu Beruhigungstabletten oder zum Alkohol.

Es vermehren sich die psychosomatischen Störungen. Manche Kinder sind Nervenbündel, können vor Prüfungen aus Angst und Panik nicht schlafen und werden von den Eltern mit Pillen gefüttert. Es besteht die Gefahr, daß eine Generation von Psychopathen heranwächst, die den Aufgaben der Zukunft keineswegs gewachsen ist.

In England wurde den Lehrern die Verwendung roter Tinte bei der Korrektur der Schulhefte untersagt, weil dies angeblich das zarte kindliche Gemüt angreife. Die Hefte dürfen nur mit Bleistift korrigiert werden, damit das Seelenleben der armen Kleinen nicht in Unordnung gerate.

Etwa 30.000 Kinder und Jugendliche werden jährlich in Deutschland von Psychotherapeuten behandelt. Für den wachsenden Bedarf gibt es aber zu wenige Spezialisten. Wenn sich die Eltern endlich für den Gang zum Therapeuten entschließen, so müssen sie durchschnittlich vier Monate auf einen Termin warten.

Statistiken zufolge ist jedes zweite Kind in Deutschland verhaltensgestört, jedes fünfte hat leichte Hirn-Fehl-Funktionen (Kinderarzt *Jürgen Spranger*). Die Hälfte der Schüler ab 14 Jahren hatte schon Kontakt mit Drogen.

55 Prozent unserer Kinder sehen die Zukunft der Welt pessimistisch. Dieser Pessimismus äußert sich oft genug in Drogensucht, Selbstmordneigung, Kriminalität und politischer Gewalt.

Die Jugend hat den Optimismus verloren, den alle Ge-

28

nerationen vor ihr besaßen. Aber auch ältere Menschen erkennen zunehmend, daß wir auf eine Krise zutreiben, die anders ist als frühere Krisen, die viel, viel tiefer geht und alles Bisherige einfach in Frage stellt.

Die Zahl der jugendlichen Gewalttäter und Selbstmörder steigt ständig. Heute werden bereits 60 Prozent aller Selbstmorde von Menschen unter 18 Jahren verübt.

Der Terror der Jugendbanden ist keineswegs als Aufschrei einer mißverstandenen Jugend zu betrachten, sondern eher auf die fortschreitende Entmündigung der Erziehungsberechtigten seitens des Staates zurückzuführen. Daß Kinder ihre Eltern wegen einer Ohrfeige anzeigen, Lehrer keine ordentlichen Strafen über ihre Schüler verhängen dürfen, sind nur zwei Beispiele. Für eine berechtigte Ohrfeige sind ja die armen Kinder und Jugendlichen zu sensibel, für Mord und Totschlag anscheinend nicht. Auf einen Nenner gebracht: Der Freiheitsraum der heutigen Jugend gehörte wieder drastisch eingeschränkt (*Eduard Finner*).

Als neuer Tribut an moderne Zeiten und die neue Freiheit soll das Schutzalter von 16 auf 14 Jahre heruntergesetzt werden. Das wird viele Kinderschänder freuen. Mit 14 Jahren ist der junge Mensch also alt genug, um mißbraucht zu werden. Alles andere wäre anscheinend nicht mehr zeitgemäß oder „human".

Was wir brauchen, ist eine Renaissance der Familie – sofern wir noch die Kraft dazu haben. Nur aus der Familie heraus kann eine neue ethische Grundorientierung erwachsen. Man kann nicht einfach althergebrachte Werte der Familie über Bord werfen. Und zu diesen Werten gehören auch jene, die man sich heute kaum mehr zu nennen getraut, weil ein paar Psychologen oder Psychopathen sofort aufjaulen würden. Wir brauchen wieder Kraft zur Disziplin, Mäßigung, Einordnung, Höflichkeit, Sittlichkeit, Demut, Achtung vor dem Nächsten, Ehrfurcht vor dem Leben!

## Das Versagen der Schule

Unser derzeitiges Schulsystem ist nicht geeignet, alle Schulprobleme zu lösen oder gar Führungskräfte heranzubilden.

Die antiautoritäre Erziehung hat eine Massenzucht von Egoisten zur Folge. Aus dem Egoismus entspringt der Hedonismus, d. h. die Einstellung, daß das eigene Wohlbefinden das höchste aller Lebensziele sei. Daraus entspringt die Utopie vom unbegrenzten Wachstum der Wirtschaft, das doch wieder nur dem eigenen Wohlbefinden zu dienen hat.

Egoisten sind antisozial. Sie sind jeder Erkenntnis unzugänglich. Sie halten ein unbegrenztes Wachstum auch im Hedonismus für möglich und erstrebenswert. Sie verwerfen jeden Rest von Moral und empfehlen die ausgelebte Rücksichtslosigkeit, die sich in einer Wirtschaft ohne Ethik als Umweltzerstörung und Ausbeutung des Konsumenten auswirkt.

Aus derselben Einstellung erwächst jene zunehmende Verkommenheit hochrangiger Entscheidungsträger, die Korruption und Pfründenwesen, politische Erpressung und mafiose Praktiken immer schamloser anwenden.

Es schwindet das Gefühl dafür, was anständig ist und was man nicht tut, gleichzeitig die Achtung vor fremdem Eigentum. Auch das Gefühl für Rangordnung ist der anonymen Massengesellschaft weitgehend verlorengegangen.

Der neurotische Zug, der auf Gleichmacherei und Beseitigung des Leistungsdruckes abzielt, und die Forderung nach Abschaffung der Noten bei Prüfungen gehört zum Vokabular gewisser fortschrittlicher Naturen, sowie der Angriff auf die Prüfungsängste und die Schularbeit.

Bei der Eindämmung „kapitalistischer", wenn nicht gar „faschistoider" Tugenden wie Fleiß, Leistungswillen und Durchhaltevermögen sind wir ja schon recht weit vorangekommen. Sogar die Aufnahmeprüfung in die höheren Schulen hat man da und dort abgeschafft. Das Durchschnittsniveau der AHS ist im Hinblick auf Allgemeinbildung mehr als mäßig.

Hochschüler haben Schwierigkeiten mit der Rechtschreibung. Und da will ein Unterrichtsminister den Leistungsabbau noch auf die Spitze treiben und das Aufsteigen auch mit „Nicht genügend" sichern (*Ingomar Pust*). Anscheinend soll noch mehr Minderbegabten der Zugang zur Universität und damit zur politischen Laufbahn gesichert werden.

Im Jahre 1993 wechselten 33.000 österreichische Kinder von Volksschulen in Gymnasien. Nach Meinung der Pädagogen sind 40 Prozent dafür ungeeignet. Die Scheu vor einem Handwerksberuf und der Ehrgeiz der Eltern werden zum Anlaß, solche Schüler bis zur Matura durchzuboxen, worauf sie dann „reif" werden für die Universität.

Aus Erzieherkreisen wird immer öfter die Meinung laut, daß die Kinder von heute für die Schule einfach zu dumm seien. Jedes dritte Schulkind braucht Nachhilfestunden. Nur jedes siebente Kind kommt völlig ohne fremde Unterstützung aus. Experten geben die Schuld an dieser Entwicklung vor allem der Schule und der mangelhaften pädagogischen Ausbildung der Lehrer.

Es gibt Schätzungen, wonach die Elternschaft jährlich Hunderte Millionen Schilling für Nachhilfeunterricht ausgibt. Oft führt der falsche Ehrgeiz der Eltern, weil das Kind doch „etwas Besseres" werden soll, zu falscher Schulwahl. Glaubt jemand, daß eine Generation von Hilfsschülern die ungeheuerlichen Probleme der Zukunft zu lösen vermag?

Vierzig von hundert Schuldirektoren in Österreich geben an, daß die Gewalt unter den Schülern in einem alarmierenden Ausmaß steigt. In zwei Dritteln der Schulen sind Raufereien zu beobachten, die mit schweren Körperverletzungen enden.

Auch an den Schulen gibt es schon Bandenkriminalität, Schutzgeldzahlungen an „Beschützer", Waffen, Aggressionen. Der Jugendpsychiater *Andreas Warnke* sagt: „Jedes dritte Schul- und Vorschulkind leidet an schweren Ängsten, die es in seiner Entwicklung behindern und zu Phobien und Panikzuständen führen können."

Die Jugend glaubt gerne das, was eine ideologisierte Schule, die Medien oder eine korrupte Intelligenzija ihr einzubleuen versuchen. Mit zehn Jahren ist das Kind fernsehgeschädigt, mit zwanzig Jahren der junge Mensch computergeschädigt.

In Deutschland wird die Jugendarbeit immer schwerer. Die Jugendlichen sind so geschädigt, daß man beinahe geneigt ist zu sagen, die Situation sei hoffnungslos. Man hat das Gefühl, daß die jungen Menschen seelenlos, leer, selbstzerstörerisch veranlagt und in fast keiner Weise mehr bindungs- und bildungsfähig sind. Viele ihrer Äußerungen sind schier unartikulierbare und ungeheuerliche Aggressionen gegen alles Gegenwärtige. Hier scheint es fast ein nutzloses Unterfangen, Verantwortung oder auch nur Verantwortungsgefühl zu wecken. Wie auch, wenn man kein Familienleben kannte, keine Verantwortung für das Schwesterchen oder Brüderchen zu übernehmen hatte, nie Geborgenheit fühlte, sondern nur zwischen den Auseinandersetzungen in Scheidung lebender oder geschiedener Elternteile stand?

Aber so wie es in allen Völkern vorerst noch schweigende Eliten gibt, so glauben wir, daß auch ein Teil der Jugend besser ist als ihr Ruf, den sie in manchen Medien hat. Ob wir daran eine Hoffnung knüpfen dürfen?

Die Jugend spürt, daß die Menschheit falsch programmiert ist. Sie ist sich vielleicht noch nicht darüber im klaren, wo die Ursachen liegen und wohin das führen kann. Sie weiß nur eines mit aller Sicherheit: daß sie nicht mitschuldig ist, weil sie ja noch nicht Einfluß nehmen konnte. Sie schiebt daher die Verantwortung mit Recht ganz und gar der älteren Generation zu. Es handelt sich also in diesem Fall nicht um eine einfache Konfliktsituation zwischen den Generationen, die es immer gegeben hat, sondern es hat sich eine breite Kluft geöffnet zwischen Jugend und Alter, die biologische Ursachen und biologische Rechtfertigung besitzt.

Die Jugend spürt, daß unsere technisch-naturwissenschaftliche Zivilisation eine künstliche, unnatürliche und lebensfremde Welt geformt hat. Eine Umwelt, die versachlicht, die von Menschen erdacht und konstruiert ist und daher das Leben und in erster Linie die Jugend gefährdet.

Diese Jugend wird nun in eine völlig entnatürlichte Welt hineingeboren, und wir erwarten von ihr, daß sie mit dieser Welt fertig wird. Und wir wollen nicht verstehen, daß diese Erwartung völlig ungerechtfertigt ist, und wir wundern uns, daß die Jugend sich dagegen aufbäumt. Das ist sogar ihr gutes Recht, und ich sage hier mit aller Offenheit: Die Unruhe der Jugend ist uns ein Zeichen der Hoffnung! Die Jugend ist nicht mehr bereit,

34

die Verdrehungen und Unwahrheiten täglich anzuhören, die sie irreführen und blind machen sollen. Blind für das Große, Wahre und Schöne und vor allem für das Einfache.

Die Jugend hat kein Verständnis mehr für die Lügen, die nötig sind, um dieses an den Wurzeln kranke System der Überzivilisation künstlich am Leben zu erhalten.

Die Jugend glaubt nicht mehr, daß Lebensqualität gleichzusetzen sei mit Menschenqualität oder gar mit Energieverbrauch. Die Jugend glaubt nicht mehr, daß wir Atomenergie brauchen, um glücklich zu sein, um Arbeit zu haben, Licht und Wärme und was sonst noch alles dazugehört.

Die Jugend glaubt nicht mehr, daß Geldentwertungen, Kursschwankungen, Konjunkturen und Engpässe von Gott gewollt und unvermeidbar sind. Die Jugend glaubt es nicht mehr, daß unsere heutige Art der Landwirtschaft und unsere Medizin die besten sind. Und die Jugend glaubt auch nicht, daß der Krebs nur mit Stahl, Strahl und Chemie besiegt werden kann. Und sie glaubt schon gar nicht, daß der Hunger in der Welt durch die Agrochemie und Agrotechnik beseitigt werden kann. Und sie sieht nicht ein, warum dem Moloch Verkehr und dem Energiewachstum die schönsten Landschaften des Kontinents geopfert werden sollen.

Für die meisten dieser jungen Menschen steht am Anfang ihres Lebens eine große Enttäuschung, so daß sie sich zu fragen beginnen, wozu sie denn eigentlich in die Welt gesetzt wurden, und ob dieses Leben des Lebens wert ist und ob es sich lohnt, für dieses Leben Opfer zu bringen.

# Schwachsinn frei Haus

Vor etwa siebzig Jahren sprach ein guter Freund mit der Überzeugungskraft des alten Sozialisten zu mir ungefähr so: „Ob du es glaubst oder nicht, es kommt eine Zeit, da wird auch der ärmste Mensch in der kleinsten Hütte im entferntesten Dschungel mit einem geheimnisvollen Apparat über eine einfache Steckdose alle Nachrichten der Welt in Ton und Bild empfangen können. Es wird kein Unwissen, keine Unbildung, keine Dummheit mehr geben. Hohe Bildung und edle Kunst werden allen Menschen ins Haus geliefert werden, die Lügengebäude der Machthaber werden in sich zusammenfallen! Wir steuern in eine herrliche Zeit!"

Ich konnte mir damals die Verwirklichung dieses großartigen Zukunftsbildes nicht vorstellen. Inzwischen ist „der geheimnisvolle Apparat" als „Fernseher" Realität geworden. Aber es scheint, daß die Unwissenheit, Unbildung und Dummheit der Menschen so wie die mehr oder weniger gezielte Fehlinformation größer sind als je. Sollte am Ende – so wie das Geld – auch das Fernsehen in den falschen Händen sein?

Das Fernsehen ist zur Dauerberieselung mit zeitgeistigem Schwachsinn geworden. Manche Fernsehsendungen verbreiten und steigern nicht nur den Schwachsinn, sie erziehen unsere Kinder auch zur Gewalt. Manchmal gibt es schon morgens, vor der Schule, Filme, in denen geschossen, getötet und geprügelt wird.

Das amerikanische Durchschnittskind sieht während seiner Grundschulzeit etwa 8.000 Morde und mehr als 100.000 andere Gewalttaten auf dem TV-Schirm. Das „Parade-US-Kind" verbringt mehr Zeit vor dem

Fernseher als in der Schule. und wird dabei nicht nur neurotisch, sondern auch dick.

*Professor Groebl* in Frankfurt hat 214 Minuten Mord und Totschlag an einem Fernsehtag gezählt. Wurden Mitte der Siebzigerjahre je Sender im Schnitt täglich drei Morde gezeigt, so sind es heute über 70 pro Tag. So kann ein Knirps von 12 Jahren leicht Zeuge von 14.000 Fernsehmorden werden.

Stundenlanges Fernsehen führt zu Haltungsschäden, überfordert die Augen und das Nervensystem. Die musischen und kreativen Fähigkeiten verkümmern. Die Phantasie bleibt auf der Strecke. Monster und Kampfmaschinen ersetzen den Spielpartner. Die Kinder stumpfen ab, werden kontaktarm, fangen an zu stottern und haben Probleme, das Lesen zu erlernen.

Selbst wenn Kinder miteinander spielen, wird oft nur das nachgespielt, was sie im Fernsehen wahrgenommen haben. Wer mitspielt, muß damit rechnen, im Spiel gemeuchelt, getötet, stranguliert, seziert, vergewaltigt oder verprügelt zu werden.

Das Verhalten der Kinder ist ein Reflex auf dauerndes Kanalwechseln und schnelle Schnitte. Die Kinder sind nervös, können sich nicht konzentrieren, sich nichts merken, sich nicht anstrengen, nicht allein sein.

Die Kinder verstehen nicht mehr, daß nicht alles Spaß machen kann, daß Anstrengung belohnt wird und Konflikte auch ohne Gewalt gelöst werden können (Gesamtschullehrer *Dr. Horst Hensel*).

Wenn die Eltern sich keine Zeit für den Nachwuchs nehmen und den Fernseher oder den Spielcomputer als Babysitter mißbrauchen, ist es kein Wunder, daß die Kinder das Überangebot nicht verarbeiten können.

Das Ergebnis sind die sogenannten „kids". Sie sind

nervös, lustlos, faul, asozial und nicht belastbar. Ein deutscher Lehrer kommt in einer Untersuchung zu der Erkenntnis, das Zentralnervensystem sei an den Fernsehapparat angeschlossen. Konflikte würden selbst bei Elfjährigen mit Gewalt gelöst. Der Frust in zahllosen kaputten Familien habe die Kinder schon ruiniert, ehe sie den zehnten Geburtstag feiern. Die Folgen seien Lernprobleme, Vereinsamung, Hoffnungslosigkeit (nach *Marga Swoboda*).

# Weltkrise der Werte

Wenn die Vorstellungen falsch sind, werden die Wertsetzungen falsch. Wo die Werte falsch sind, sind die Strukturen falsch. Falsche Ordnungen verstoßen gegen die Gesetze des Lebens und führen unweigerlich in den Untergang. Heute präsentiert uns die Natur die Rechnung für unsere Sünden, und wir werden zu zahlen haben mit Elend, Leid und Tränen.

Der Mensch von heute glaubt das Unwahre lieber als das Wahre. Man muß die Wahrheit nicht unbedingt verstehen. Wichtiger ist, der Wahrheit gewachsen zu sein. Mehr und mehr Menschen spüren, daß unser ganzes Werte- und Zielsystem ins Wanken geraten ist, auch wenn gestrige Politiker aller Schattierungen uns noch weismachen wollen, daß *ihre* Partei es wüßte, wie solche Krisen gemeistert werden können. Doch diese Krise ist durch Änderung des politischen Systems allein nicht zu überwinden. Die Gründe dieser Krise liegen tief im Prozeß der Evolution, d. h. im Wesen des Menschen.

Der allgemeine Scham- und Werteverlust scheint so dramatisch, daß man ohne große Übertreibung von einer Kulturrevolution sprechen kann. Werteverlust wohin man blickt. Bekannte Persönlichkeiten, von denen alle Welt weiß, daß sie korrupt und bestechlich d. h. Kleptokraten sind, genießen – nicht nur in manchen Medien – ein geradezu unfaßbares Ansehen. Der Verachtung fallen sie – wenn überhaupt – erst anheim, wenn sich eine dieser glamourösen Figuren bei einer linken Sache erwischen läßt.

Die falsche Sicht der Dinge hat sich in den letzten vierzig Jahren in den Gehirnen so festgesetzt, daß eine

Korrektur ganz unvorstellbar erscheint. Selbstverwirklichung, Egoismus, Abkassieren: Das ist „in"! Verantwortung, Disziplin, Anständigkeit oder gar Pflicht sind „out".

Die Wirtschaft krankt an der Überbewertung der menschlichen Arbeitskraft und der Unterbewertung des Materials. Die Überbewertung der menschlichen Arbeitskraft führt zur fortlaufenden Steigerung der Löhne. Die Unterbewertung des Materials führt zur Vergeudung der schwindenden Rohstoffe.

Eine Ware, die zu teuer ist, wird nicht gekauft. Das gilt auch für den Arbeitsmarkt. Auf die unausgesetzten Lohnforderungen der Gewerkschaften ist es zurückzuführen, daß die Arbeit immer teurer wird. Die Folgen sind Arbeitslosigkeit und Exportunfähigkeit.

Aber zu teuer ist die Arbeit nicht nur wegen der Löhne. Teuer wird sie durch die enormen Lohnnebenkosten für die sozialen Wohltaten der Geschenkdemokratie, für die die Wirtschaft aufzukommen hat. Manche dieser Wohltaten machen jetzt schon Betriebe bankrott, z. B. durch Abfertigungen, weshalb kein Arbeitgeber mehr ältere Arbeitnehmer anzustellen wagt.

Der Mutigste, der selbständig werden will, schreckt heute vor dem Abenteuer einer Betriebsgründung zurück. Und mancher Bauer wünscht sich den Landarbeiter, den er sich heute nicht mehr leisten kann.

Der Privatunternehmer und insbesondere der Kleinunternehmer ist der Motor des Wohlfahrtsstaates. Es müßte jetzt für den Unternehmer gekämpft werden, der bei unbegrenzter Arbeitszeit ohne soziales Netz, ohne bezahlten Urlaub das Risiko für den Lebensunterhalt seiner Mitarbeiter trägt.

Jobkiller sind derzeit die Politik und Vater Staat, vertreten durch die Gewerkschaften, die den Unternehmer zur Melkkuh machen.

Die Automatik des Untergangs bringt es mit sich, daß Persönlichkeiten, die zur Rettung der Menschheit vermutlich sehr wenig beitragen können, am höchsten honoriert werden. Politiker und Funktionäre versorgen sich durch von ihnen selbst zurechtgeschneiderte sogenannte „Gesetze" mit Millionengehältern und Millionenpensionen. Die verstaatlichte Industrie Österreichs, die mit einigen hundert Milliarden Schilling in den roten Zahlen ist, zahlt unbeschadet dessen ihren Spitzenmanagern Millionengehälter, die andere Staatsbürger durch anständige Arbeit erworben und erspart haben.

Elf Spitzenmanager der verstaatlichten Industrie in Österreich verdienen je 5 Millionen Schilling im Jahr. 25 Manager beziehen 4 Millionen Schilling jährlich. 59 Spitzenmanager beziehen 3 Millionen Schilling jährlich. 157 beziehen 2 Millionen und 256 Manager beziehen je eine Million Schilling jährlich. Dabei ist die Zahl der in der verstaatlichten Industrie Beschäftigen in vier Jahren von 199.000 auf 162.000 gefallen, hingegen stieg die Zahl der Vorstandsmitglieder von 883 auf 986 an (Die Freunde wollen doch auch endlich an die Krippe, nicht wahr?). Indes die Herrschaften lassen sich nicht gerne in die Karten schauen. 55 der 563 vom Rechnungshof kontrollierten Betriebe verweigerten jede Auskunft über die Gehälter (nach *Dieter Kindermann*).

Übersteigerte Einkommen sind eine Abwertung der ehrlichen Arbeit und eine Verhöhnung des Arbeiters, der sich lebenslang nicht so viel ersparen kann, wie jene Herrschaften in einem Monat kassieren.

Nicht eine glücksorientierte, sondern nur eine wahrheitsorientierte Gesellschaft kann auf die Dauer gedeihen. Wo aber ist heute noch Wahrheit in Politik, Wirtschaft, Kunst, Gesellschaft? Wo sind die Menschen, die in der Lage sind, Wahrheit zu erkennen und – zu ertragen? Oder unangefochten Wahrheit zu predigen und zu leben?

Der Mensch unserer Zeit will unterhalten und abgelenkt werden. Er begrüßt alles, was ihm bei der Verdrängung seiner Probleme hilft. Dadurch gerät er in eine künstliche, wahrheitswidrige Welt, die den Tatsachen des Naturgeschehens und des wirklichen Lebens gegenüber sich nicht behaupten kann.

Am auffälligsten und peinlichsten vollzieht sich die Umkehrung der Werte auf dem Gebiet des Komödiantentums. Früher hatte jede Kleinstadt, die etwas auf sich hielt, ein Theater, das zwei- bis dreimal in der Woche zwei Stunden lang spielte. Heute gibt es in fast jedem menschlichen Haushalt eine Bühne des Fernsehens, die Tag für Tag viele Stunden lang flimmert.

Dementsprechend stieg die Zahl der Autoren, Regisseure, Schauspieler, Operateure, Komödianten und anderer Abenteurer des Schaugeschäftes ins Ungemessene.

Im allgemeinen wird eine Ware billiger, wenn sie in die Massenproduktion geht. Hier ist es umgekehrt. Die Gagen steigen, auch wenn die Qualität des Gebotenen sinkt. Aber woher sollen bei dem unerhörten Verschleiß nicht nur immer neue, sondern auch gute Ideen kommen? Kein Wunder, daß das Angebot des Showbusineß im Schwachsinn steckenbleibt. Dafür steigen die Gagen.

Die Talkmasterin Oprah Winfrey verdiente in den letzten zwei Jahren je 1,1 Milliarden Schilling. Der Vorjahressieger Bill Cosby rutschte mit 735 Millionen auf Platz drei. Dafür rockten sich die jüngeren Semester nach vorn:

42

Der Showclan der Jacksons verfügt über ein Gesamtvermögen von 15 Milliarden Schilling. Michael Jackson verkaufte 100 Millionen Platten und hat dafür 2.800,000.000 Schilling kassiert. Für jede Platte bekommt er von seiner Firma unabhängig vom Verkauf 55 Millionen. Der Werbevertrag mit Pepsi brachte 165 Millionen, für eine Werbung für Sportschuhe steckte er 82 Millionen ein. Pro Konzerttour erhöht sich sein Vermögen um eine *Milliarde,* und aus den Rechten an den Beatles-Songs nimmt er 220 Millionen ein. Janet Jackson hält im Moment bei 20 Millionen verkaufter Platten und bekommt für jede neue Produktion 275 Millionen Vorschuß. La Toya Jackson kassierte für Nacktfotos 55 Millionen und für ihr Skandalbuch 165 Millionen. Bei der „Victory" verdient jedes der fünf Michael-Geschwister, die dabei waren, 100 Millionen. (Alle Beträge in Schilling umgerechnet).

„GUNS N' ROSES" schloß mit 636 Millionen Schilling auf Platz vier und Prince sackte auf Platz fünf fürstliche 588 Millionen ein. An sechster Stelle liegt „Peanuts"-Zeichner Charles Shults mit 576 Millionen, und Arnold Schwarzenegger wurde mit 516 Millionen Schilling Zehnter.

Der Produzent des Dinosaurier-Films, Steven Spielberg, verdiente dagegen mit seinem Film nur 800 Millionen Schilling im vergangenen Jahr.

Ein kaum bekannter, mittelmäßiger Filmschauspieler in den USA ist in der Lage, seiner Exfrau 96 Millionen Schilling zu zahlen. Der spanische Tenor José Carreras erhielt 1992 für einen Liederabend in Rom den Gegenwert von 910.000 Schilling. Die Filmschauspielerin Julia Roberts bekommt für einen einzigen Film 102 Millionen Schilling Gage.

Die drei noch überlebenden Beatles planen mit den beiden Söhnen des verstorbenen John Lennon ein Konzert im New Yorker Central Park. Jeder der Teilnehmer soll für den Auftritt 350 Millionen Schilling erhalten.

An diesen Beispielen wird der Einfluß der uns beherrschenden und ihren destruktiven Lebensstil suggerierenden Kulturschickeria deutlich, die nicht nur Milliarden kassiert, sondern die Seele dazu, die Seele, aus der das Rechtsbewußtsein lebt.

Dramatisch verändert haben sich die Wertvorstellungen beim Sport, der immer erfolgshungriger, brutaler und rachsüchtiger wird. Fairplay und sportliche Anständigkeit sind kaum noch gefragt. Erfolg um jeden Preis ist das erklärte Ziel. Sportjournalisten können heute – ungeschoren von öffentlicher Kritik – etwa einer Fußballmannschaft, die im Europacup ausgeschieden ist, den Vorwurf machen, zu wenig hart und brutal gespielt zu haben.

Auch die Fußballprofis zähle ich zum Komödiantentum, ferner die Tennis-Cracks, die Skiasse und viele andere. Denn der Menschenhandel der Fußballvereine, der Kampf um Hundertstelsekunden vor Publikumsmassen haben mit Sport nichts zu tun.

# Irrwege der Politik

Man sollte meinen, daß der Mensch als denkendes Individuum zu unterscheiden vermag zwischen Verstand und Vernunft. Er kann ordnend ins Chaos eingreifen, im besten Fall mit einer demokratischen Politik. Und an die Spitze sollten wir uns Persönlichkeiten wünschen, die in der Lage sind, einen Staat zu führen, ohne sich zu bereichern.

Zu verurteilen ist der gegenwärtige Zustand mancher Staaten mit ideologisch verdorbenen Politikern, die den Staatsbürger zum völlig entmündigten Untertan machtbesessener Parteien machen, die den Menschen, der sich der Verteidigung demokratischer Rechte widmet und das Recht aller Menschen auf Meinungsfreiheit und auf Leben und körperliche Unversehrtheit fordert, nicht hören wollen.

Wo aber gibt es noch überparteiliche Führungspersönlichkeiten? Souverän im Staat sollte in der Demokratie das Volk sein. Beauftragte sind die gewählten Politiker, die über Steuergelder verfügen und die Pflicht haben, dabei die Interessen des souveränen Volkes im Auge zu behalten.

Dieses Interesse haben sie leider nicht alle und nicht überall. Sie machen in der Arroganz der Macht, was sie wollen. Sie brauchen sich nicht zu verantworten, sie tragen kein Risiko. Sie brauchen durch sie angerichtete Schäden nicht wiedergutzumachen. So werden riesige Ausgaben für Zwecke getätigt, die die Mehrheit des Volkes niemals billigen würde. Es fließen Millionen in Taschen, in die sie nicht unbedingt gehören. Politiker können Millionen ins Ausland verschenken, Millionen, die dem eigenen Volk fehlen. Solche Politiker können ihren Neigungen nachgehen und Steuermillionen und Milliarden dafür ausgeben, sie können risikolos Abartigkeiten subventionieren, die von der Mehrheit niemals gutgeheißen würden. Mit einem Wort: Steuergeld ist in der Hand mancher Politiker anonym, sie haben das Verantwortungsbewußtsein verloren, sie vergessen, daß sie Geld ausgeben, das andere Menschen mühsam erarbeitet oder erspart haben. In manchen Fällen ist ihre Handlungsweise so etwas wie Diebstahl und Betrug am Volk (Kleptokratie).

Wirtschaftliche Interessen rangieren vor allem anderen. Aber welcher Berufspolitiker kann es sich denn leisten, in philosophischen Kategorien zu denken und sein Handeln danach auszurichten? Viele dieser Politiker haben nie einen anderen Beruf erlernt oder sich dem erlernten Beruf längst entfremdet. Sie benötigen zur Sicherung ihres Lebensstandards ein festgelegtes Minimum an Jahren in möglichst hohen politischen Positionen. Dafür ist ihnen jedes Mittel recht.

Und selbst dann, wenn Maßnahmen getroffen werden, die bei genauer und schonungsloser Betrachtung als menschenverachtend und zynisch zu bezeichnen sind, reihen sich solche Politiker dennoch mühelos in die Phalanx der politischen Elite ein. Man nennt dies dann „Diplomatie" oder „Kunst des Möglichen", allenfalls noch „Wahl des kleineren Übels".

Solche offiziellen „Vertreter" der reichen Industrienationen können im Sinne der alten Griechen nur als Pseudopolitiker bezeichnet werden. Sie versündigen sich vor der Geschichte und vor Milliarden Menschen, die in kümmerlichsten Verhältnissen leben.

Im Grunde genommen können diese „Verräter an der

Menschheit" ihr perfides Spiel nur treiben, weil und solange sie dazu von ihren Wählern legitimiert werden. Sie brauchen auch wenig Sorge zu haben, daß sich dies ändert. Je komplexer und differenzierter unsere Welt wird, desto schwieriger wird es für den Wähler, sich zurechtzufinden und die Informationen zu sammeln, deren er bedarf, um seiner eigenen Verantwortung gerecht zu werden.

Und da es den Menschen in der westlichen Welt vorläufig noch gut und sogar sehr gut geht, fehlt ihnen auch jegliche natürliche Motivation, sich damit zu beschäftigen. Je bequemer es die Menschen haben, desto leichter sind sie zu führen und zu verführen.

Anscheinend hat Europa keine Persönlichkeiten von historischen Dimensionen mehr. Die Feigheit und Würdelosigkeit von UNO und NATO gehen über das Maß des Erträglichen hinaus. Sie können nur noch drohen und kapitulieren. Nichts ist in der Politik so gefährlich wie nicht ernst genommen zu werden. Nunmehr ist es so weit, daß man NATO und UNO für ein Rudel von Papiertigern und Gummilöwen hält. Dies läßt die fatalen Auswirkungen voraussahnen, die in erster Linie die Menschen weißer Hautfarbe betreffen! Sie werden immer unfähiger, sich persönlich dem Lebenskampf und jeder Weiterentwicklung zu stellen. Sie verfallen in die Rolle des Verlierers und erweisen sich als nicht mehr lebensfähig.

Wenn dies auch den meisten Menschen unangenehm zu hören sein mag: Nach dem Zusammenbruch der sozialistischen Utopie ist schon heute zu erwarten, daß wir in absehbarer Zeit den gigantischen und ohrenbetäubenden Zusammenbruch des pseudodemokratischen Systems zu gewärtigen haben.

Die heutigen Machthaber sind daran interessiert, die Bevölkerung auf einem möglichst niedrigen Bildungsniveau zu halten, da sie sonst ihre Macht gefährden würde. Dies ist vergleichbar mit dem Bildungsmonopol, welches die Kirche oder weltliche Potentaten fast 1.000 Jahre lang in Europa glühend verteidigten.

Den Machthabern kommt es gar nicht so ungelegen, daß Trivialliteratur und Schmalspurbildung (Gesamtschule unter dem Vorwand „gleiche Chancen für alle", Fernsehschwachsinn und Spiele wie Fußball, Tennis, Skirennen u. a.) mehr Zuspruch finden als konstruktives Denken. Da Bildung so lange ungefährlich bleibt, wie sie entweder trivial oder spezialisiert ist, brauchen die Potentaten keine Angst vor dem Bildungshunger ihrer Untertanen (Wähler und Kirchgänger, Partei- und Gewerkschaftsmitglieder etc.) zu haben.

Je gebildeter und erfahrener ein Mensch ist, desto weniger ist er manipulierbar und – für das Wohl der darüberstehenden Häuptlinge – nutzbar. Den Regierenden kommen daher auch die Mängel im Schulsystem nicht ungelegen, das Scharen von Halbgebildeten oder Ungebildeten ins Leben entläßt.

Eine grundlegende Änderung und entscheidende Verbesserung des Systems können wir uns derzeit nur vorstellen in Form der Einführung einer direkten Demokratie ohne Parteien nach dem Muster etwa der Schweizer Eidgenossenschaft.

*

Der Sozialismus, der im menschlichen Bereich begrenzt ist, bleibt ein Torso, solange wir ihn nicht ausdehnen auf die gesamte belebte und unbelebte Schöpfung, weil die Schöpfung ein Ganzes ist, und weil der Mensch zu dieser Schöpfung gehört und dieser Schöpfung gegenüber Verpflichtungen zu erfüllen hat; und weil er sich selbst zerstört, wenn er die Natur zerstört.

Die so sehr strapazierte Nächstenliebe, die sich im menschlichen Bereich erschöpft, ist ein ichbezogener Teilsozialismus und asozial gegenüber dem Mitgeschöpf aus dem Tier- und Pflanzenreich, für das manche Leute nur ein geringschätziges Achselzucken haben. Asozial gewordene Formen der Schöpfungsgesellschaft werden von der Natur erbarmungslos ausgemerzt. Die Naturgesetze aber werden der Eintagsfliege Mensch zuliebe wohl kaum geändert werden. Vor der Natur sind alle Geschöpfe gleich.

Die Welt ist eine organische Ganzheit. Man kann sie nicht zweiteilen und der einen Hälfte, nämlich dem Menschen, alle Rechte und Freuden zubilligen, während man der anderen Hälfte, also der Landschaft mit Pflanzen und Tieren, alle Pflichten, alle Mühsal, Schmerzen und Tod auferlegt. Auch in der Tierwelt gibt es Gesellschaften, die sich strengen sozialen Gesetzen und Gebräuchen unterordnen.

Der Wald ist eine Gesellschaft mit Millionen Geschöpfen, wobei eines für das andere da ist. Eines ist Voraussetzung für die Existenz eines anderen. Wenn wir unseren Sozialismus oder unsere Nächstenliebe (was ja dasselbe sein soll) auf den menschlichen Bereich beschränken und sich darin erschöpfen lassen, so haben wir den Sinn des Lebens und den Sinn der Welt in keiner Weise erfaßt. Die ganze belebte Welt, die sogenannte Entwicklungsgesellschaft, ist ein sozialer Körper, in dem einer für den anderen Verantwortung trägt, einer die Voraussetzung für die Existenz des anderen bildet. Aus dem Asozialismus gegenüber der Natur haben sich alle

Probleme der Menschheit entwickelt, denen wir jetzt gegenüberstehen.

Wir müssen uns vom Teilsozialismus zum Vollsozialismus weiterentwickeln, der alle Erscheinungen der belebten Natur in den Einflußbereich der Nächstenliebe miteinschließt. Soll das etwa bedeuten, daß wir im Sinne des Vollsozialismus keinen Baum mehr schlagen und kein Tier mehr töten dürfen? Keineswegs! Jedes Leben stellt einen Eingriff in die Umwelt dar. Auch der Hase, der am Waldrand seine Graszipfel rupft, greift in die Umwelt ein, um leben zu können. Das ist in Ordnung. Wenn aber dort nicht nur ein Hase sitzt, sondern wenn da zehntausend Hasen Graszipfel rupfen, so wird die Situation problematisch. Und eines Tages werden von heute auf morgen zehntausend Hasen sterben, weil das Gras ausgerottet ist. Zukunftsbild für die Menschheit, wenn wir so weitermachen wie bisher.

# Die Schein-Demokratie

Es scheint mit uns so weit gekommen zu sein, daß wir weder die Zustände, unter denen wir leiden, ertragen wollen, noch die politische Kraft aufbringen, Maßnahmen zur Beseitigung der Übel durchzusetzen. So besteht die Gefahr, daß die Substanz unserer Demokratie allmählich aufgezehrt wird und die zunehmende Unzufriedenheit sich schließlich extrem Bahn bricht („*Cato*").

Es wäre doch denkbar, ohne revolutionäre Gewaltakte mit den Mitteln des Rechtsstaates eine Wahlordnung zu schaffen, welche die Möglichkeit bietet, daß alle politischen Ämter des Staates von Persönlichkeiten besetzt werden, die das volle Vertrauen *aller* Staatsbürger und das nötige Fachwissen für das betreffende Führungsamt besitzen. Die modernen Medien hätten alle Möglichkeiten, die von der Basis empfohlenen Kandidaten vorzustellen.

Die Minister, die Verantwortung für alle Bürger tragen, werden uns aber von den Parteien serviert. In manchen Staaten sind selbst die höchsten Staatsämter – Staatspräsident und Kanzler (Ministerpräsident) – die in besonderer Weise alle Staatsbürger repräsentieren und die Interessen aller Menschen vertreten sollen, ohne Bürgerbefragung von den Parteien ausgefochten und ausgehandelt. Es sind leider nicht immer die Klügsten, die zum Zug kommen, denn eine Befähigung zur Ausübung eines Amtes wird nicht verlangt.

Hauptursache dafür ist die Unfähigkeit der Menschen, wirklich „demokratisch" zu denken und zu handeln, d. h. die Macht im Staate tatsächlich vom Volk ausgehen zu lassen.

Eine Gruppe der Wähler könnte es, hat es jedoch anscheinend nicht nötig. Sozial bestens versorgt, hat sich diese Gruppe von Menschen buchstäblich entmündigen lassen. Sie hat die Verantwortung für die Politik und Pseudopolitik auf Berufspolitiker abgewälzt und bislang gar nicht wahrgenommen, wie sehr sie sich damit selbst gesamtpolitisch entmannt hat.

Der Begriff „res publica" ist heutzutage vornehmlich auf die Wirtschaftlichkeit einer Gesellschaft beschränkt. Man ruft nach Wachstum und Umsatzsteigerung, d. h. laufend ansteigender Umweltzerstörung. Das Leben, die Natur, der Mensch haben keinen Stellenwert mehr.

## Aufweichung des Justizwesens

Nachdem die Allgemeingüter Wohnen, Schulbildung und Gesundheit mehr und mehr zum Luxus zu werden drohen, ist nun die Sicherheit an der Reihe.

Seit Jahrzehnten herrscht in den Justizministerien die rätselhafte Sorge um das Wohl der Strafgefangenen statt um das der Opfer. Es scheint so, als läge den Justizministern das Wohlbefinden der Verbrecher mehr am Herzen als die Sicherheit der Bevölkerung. Die Menschenwürde der Verbrecher muß unter allen Umständen gewahrt werden. Die Menschenwürde der Opfer ist von geringerer Bedeutung.

Der Staat läßt sich von der Unterwelt ins Boxhorn jagen. Mitten in der anflutenden  Kriminalität ist jetzt der „Täterschutz" zu einer Gefahr geworden, weil er in Schlüsselstellen der Staaten seine Protektoren hat. Überzeugendes Beispiel für die Müdigkeit der biologischen Substanz (Lebensschwäche).

Die Justizwache hat den Eindruck, daß man in den überlasteten Beamten eher Betreuer als Wachorgane sieht. Sie dürfen ja auch keine Waffen offen tragen. Sie haben an Zellentüren anzuklopfen und erst einzutreten, nachdem der Herr Verbrecher „herein" gerufen hat.

In einer Strafvollzugsanstalt in Wien betreuen 65 Justizwachebeamte mit fünf Psychologen, mit zwei Psychiatern und mit sechs Sozialarbeitern insgesamt 80 Häftlinge. Wer das nicht verstehen sollte, der begreift nicht die Notwendigkeit, Arbeitsplätze zu schaffen.

Postenschließungen der Polizei und Gendarmerie sowie Überstundenkürzungen scheinen den Politikern die Allheilmittel im Kampf gegen die Verbrechermafia zu sein. Bemerkenswert dabei ist, daß die veröffentlichte Kriminalstatistik manchmal in unverantwortlichster Weise manipuliert wird.

Gefährliche Triebtäter werden nicht eingesperrt, sondern auf freiem Fuß angezeigt, damit sie sich keine Einschränkungen aufzuerlegen haben. Die extreme Politik hat auch durchgesetzt, daß „lebenslänglich" in der Praxis nur 15 oder gar 10 Jahre Haft bedeutet. Damit hat die Pseudohumanität vor dem Schwerverbrechertum kapituliert.

Auch psychisch gestörte Strafgefangene, Brandstifter, Gewalttäter, Sexualverbrecher und Mörder dürfen auf vorzeitige Haftentlassung hoffen. Lange vor der Entlassung aber gibt es für die Häftlinge Hafturlaub, so daß sie reichlich Gelegenheit bekommen, weitere Verbrechen zu begehen.

Mörder, Kinderschänder und Drogenhändler finden bei den Zeitgeistkranken größtes Verständnis. Die Bonner Justizministerin möchte Bagatelldelikte wie Ladendiebstahl oder Schwarzfahren aus dem Strafrecht nehmen. Das sieht fast schon wie eine Aufforderung zur Kriminalität aus.

Auch die Autoraser und Alkoholfahrer sollen in Zukunft begünstigt werden. Im Falle leichterer Verletzung soll kein Strafverfahren mehr eingeleitet werden.

Im homosexuellen Bereich wurden zwei Strafbestimmungen aufgehoben, und zwar die gegen „Werbung für Unzucht mit Personen des gleichen Geschlechts und mit Tieren", und „Anbahnung von Verbindungen zur Begünstigung gleichgeschlechtlicher Unzucht". Pornohandlungen durch Computer- und Videotechnik sollen auch nicht mehr bestraft werden.

Beinahe alles ist heute nur noch ein „Kavaliersdelikt".

Schließlich werden auch Übeltäter pardoniert, weil sie als Kind zuviel, zuwenig oder gar nicht geliebt, gebadet, mißhandelt oder was auch immer wurden (Zutreffendes einsetzen) oder in desolaten Familien aufgewachsen sind, während die Schuld eindeutig beim Opfer liegt, da es provokant vorbeigegangen ist oder herausfordernd gezittert hat.

Alle „zeitgeistigen" Verkehrungen von Ursache und Wirkung gehen auf die Automatik des Untergangs zurück.

Die Schwere der Kriminalität steigt ständig. Erstmals erfaßt uns ausländisches organisiertes Verbrechen. Und da richtet die Politik Hürden für die Verfolgung von Verbrechern auf.

So dürfen die Richter z. B. erste Geständnisse von Tatverdächtigen nicht mehr verwenden! Das ist eine Beleidigung für Polizei und Gendarmerie. Das verdunkelt die Wahrheitsfindung. Eine enorme Chance für Verbrecher!

Da ist ja auch ein Gesetz beschlossen worden, das dem Untersuchungsrichter das Recht nimmt, selber Verhaftungen anzuordnen. Er bedarf dazu der Zustimmung des Staatsanwaltes, und der ist weisungsgebunden. Wir haben es oft genug erlebt, daß der Justizminister die Staatsanwälte zurückpfiff und auf diese Weise monatelang das Aufdecken eines Verbrechens oder Skandals verhinderte.

Wie können Abgeordnete Gesetzen zustimmen, die der Politik Eingriffe in das Rechtswesen gestatten? Von Sachverständigen, die in den Ausschüssen gehört wurden, wird beklagt, daß man sie reden ließ, aber geschehen ist dann das, was einige Interessierte wollten (nach *Ingomar Pust*).

Die Verbrecher wissen das Entgegenkommen der Behörden zu schätzen. In der verhältnismäßig kleinen Stadt Salzburg ereignen sich jährlich 27.000 Verbrechen. Die Zunahme beträgt bei Raub 41 Prozent, Betrug 20 Prozent, Kfz-Diebstahl 29 Prozent, Suchtgift 28 Prozent. 5.500 Einbrüche jährlich werden begangen.

In Deutschland stieg mit 6,7 Millionen Delikten die Kriminalitätsrate im Vergleich zu 1992 um 7 Prozent an. Besonders die Zahl der Straftaten im Osten schnellte rekordartig in die Höhe.

Straftaten in Deutschland: Jede Minute ein Ladendiebstahl und ein Fahrraddiebstahl. Alle zwei Minuten eine Körperverletzung und ein Wohnungseinbruch. Alle drei Minuten ein Kfz-Diebstahl, alle vier Minuten ein Rauschgiftgeschäft, alle sechs Minuten ein Taschendiebstahl, alle neun Minuten ein Raubüberfall, alle zwölf Minuten ein Sexualdelikt, alle 22 Minuten eine Brandstiftung, alle acht Stunden ein Mord. Dies ist erst der Anfang.

Beinahe jede Woche berichtet der Rechnungshof über irgendeinen Skandal aus Wirtschaft, Finanzen oder Behörden. Es geht dabei häufig um Hunderte von Millionen, die irgend jemand kleinen Sparern oder Wohnungsuchenden aus der Tasche gestohlen hat. Die Verdächtigen oder Schuldigen werden bestenfalls einige Tage eingesperrt, danach laufen sie als lebendige Verhöhnung der Geschädigten wieder in Freiheit herum. Es berichten zwar manchmal auch die Medien darüber, aber es geschieht meistens nichts. Man fragt sich, wozu wir überhaupt eine Kontrollbehörde und einen Rechnungshof brauchen. Auch nur wegen der Arbeitsplätze?

Da gab es zwei Herren vom Berufsförderungsinstitut, die einen Schaden von etwa 8 Millionen Schilling verursacht hatten. Sie wurden trotz dieses hohen Betrages nur zu 3 Jahren Haft verurteilt, aber das Höchstgericht setzte das Urteil auf ein Jahr unbedingt und zwei Jahre bedingt herab.

Daraufhin forderte einer der Verurteilten vom Land Wien eine Politikerpension von 80.000 Schilling monatlich. Als die Landesregierung sich weigerte, hatte er die Unverfrorenheit, den Verfassungsgerichtshof anzurufen. Von der Pflicht zur Wiedergutmachung des Schadens hat man nichts gehört (nach *Dieter Kindermann, Kronenzeitung*).

## Die Kultur stirbt

*Die Kultur besteht letztlich in der Freiheit.*

*(Kant)*

Die Kultur, die einem Volk eigen ist und unauslöschlich die Züge dieses Volkes trägt, ist die Gesamtheit der materiellen und geistigen Werte, die sich eine Gesellschaft im Laufe ihrer Geschichte erschafft. Kultur ist Leidenschaft und Vernunft, Intuition und Intelligenz, Können und Wollen – alles in einem. Die Merkmale jeder Kultur sind ihre Einmaligkeit, Unwiederholbarkeit und Genialität.

Überall, wo eine Gesellschaft ihre Selbstbestimmung verliert, geht auch ihre Kultur verloren. Da jegliche Kolonisation die Selbstbestimmung eines Volkes unterdrückt, ist Kolonisation notwendigerweise kulturfeindlich. Sie raubt den unterworfenen Gesellschaften die Fähigkeit, ihre Kultur aus sich selbst zu erneuern. Zur Zeit erleben wir die Vernichtung der europäischen Persönlichkeit.

Die alten Kulturwerte werden als „traditionell" und somit in vielen Fällen als unfähig hingestellt, sich schnell weiterzuentwickeln und zu verändern, sich anzupassen, um den Forderungen des modernen Lebens gerecht zu werden. Man wird den Eindruck nicht los, daß viele Kräfte zusammenwirken, um jede Fortdauer der Besonderheit der alten Gesellschaften abzuwürgen.

Wer von Heimat nur spricht, setzt sich der Gefahr aus, beschimpft oder verdächtigt zu werden. Was ist Heimat? Sind es die Äcker, die Wälder, die Dörfer oder die Banken, die Supermärkte oder eine politische Partei? Wo ist noch Heimat?

Es bleibt eine nicht aus der Welt zu schaffende Tatsache, daß die kulturelle Versklavung und die planmäßige Vernichtung der alten Kulturwerte und Sprachen zu dem führt, was heute als „Identitätskrise" bezeichnet wird.

Mit unserem „Kulturnihilismus" wurde ein Prozeß zur Verdrängung überlieferter Kulturwerte eingeleitet mit dem Ziel, in Umerziehungs- und Bildungsinstitutionen die Völker so umzuwandeln, daß sie in ihrem Alltag keine Notwendigkeit mehr sehen, sich auf ihre alten Kulturwerte zu berufen.

Auf dem Gebiet der Kunst sind Fleiß, Liebe, Können und Geduld keine Werte mehr. Dafür wird Abstraktion und Unverständliches von Staats wegen gefördert.

Der Mechanismus des Untergangs führt zu der sogenannten „interkulturellen Erziehung", die von Politikern gefördert wird, die nicht wahrhaben wollen, welchen kulturell widernatürlichen Geist sie den Völkern einimpfen: antiautoritäre Erziehung, Drogensucht, Jugendsekten, Gewaltkriminalität, Pornographie, Sexismus, Scheidungsrekorde, Terrorismus und eine Medien-Unkultur, in der sich eine skrupellose Profitgier hemmungslos austobt; die zersetzende suggestive Wirkung der Rock- und Popmusik, der vor allem die Jugend völlig verfallen ist. Die förderungswürdige Fäkaldiktion des „steirischen herbstes".

Die Künstler haben nur noch Abfall zu bieten. In New York wurde eine Ausstellung der Kunstwerke des Popkünstlers Andy Warhol gezeigt: Die sogenannten Pißbilder (oxidation paintings), das sind Bilder, die durch Urinieren auf kupferbeschichtete Leinwand entstanden sind, erzielten hohe Preise.

In der Malerei preist man als avantgardistisch, was sich von dem Gekritzel und Gekleckse der Vorschule nicht unterscheidet. Erfolgreiche Stückeschreiber befassen sich fast ausschließlich nur noch mit Regionen unterhalb des Nabels (nach *Univ.-Prof. Fritz Heppner*).

Die Automatik des Untergangs läßt kein Gebiet des Lebens aus. Die Pflege der Sprache und ihre Bewahrung gehört zu den Voraussetzungen der Selbstbehauptung einer Gesellschaft. In nahezu allen Völkern Europas überfremdet der Jargon der Jugendlichen die eigene Sprache bis zur Unkenntlichkeit.

Der oberflächliche Amerikakultus zeigt uns ein Amerika, das moralisch und geistig in keiner Weise dazu legitimiert ist, mit einem Weltbeglückungsanspruch aufzutreten und der Welt eine „neue Weltordnung" aufzuzwingen.

Von den Höhen unserer alten traditionellen europäischen Kultur sinken wir hinab in die Niederungen einer vulgären Profit- und Fäkalideologie. Vergeblich suchen wir nach neuen Impulsen in unserer Musik, Literatur und bildenden Kunst. Damit geraten wir Europäer in den beklagenswerten Zustand von Kolonialvölkern.

Was wird mit den europäischen Kulturwerten geschehen, wenn unser Kontinent in hundert Jahren von Farbigen besiedelt ist?

Im Grazer „Kulturprogramm" findet alljährlich der sogenannte „steirische herbst" statt, der von seiten der Behörden ausgiebig finanziert wird. Im Rahmen dieser Veranstaltung und eines „Wiener Aktionismus" wurde ein Film gezeigt, dessen Gegenstand aus der folgenden *parlamentarischen Anfrage* (aus dem Protokoll) hervorgeht:

„Günter Brus präsentiert in Großaufnahme seinen After, aus dem Kot austritt, den er danach verschlingt. Ein Mann uriniert in einen Frauenmund. Zwei nackte Männer

60

und eine nackte Frau, alle blutüberströmt, machen Gruppensex. Nackte Männer halten eine flügelschlagende Gans, der der Kopf abgehackt wird, das Blut spritzt auf die darunter liegende nackte Frau ..." (nach *Richard Nimmerrichter, Kronenzeitung*). (Ende des Zitates aus dem parlamentarischen Protokoll). Der Rest des Textes kann hier nicht wiedergegeben werden.

Eine Gesellschaft, die solche öffentliche Darbietungen nicht nur duldet, sondern finanziell fördert, hat wohl die allerletzte Stufe der Verkommenheit unterschritten. Das sterbende alte Rom kann in seiner Lasterhaftigkeit diese Stufe kaum unterboten haben.

Wer angesichts der farbigen Welle, von der Europa überflutet wird, sich Sorgen über den Fortbestand und die Bewahrung unserer Kulturgüter macht, wird gegenüber solcher abendländischer „Kulturhöhe" seine Bedenken ruhig vergessen können.

# „Entwicklungshilfe" – wohin?

Die Annahme von Geschenken erniedrigt den Menschen und ruft letztlich Aggressionen hervor. Die echte Hilfe wäre Hilfe zur Selbsthilfe, so daß wir den Hilfebedürftigen ihre eigenen Erfolgserlebnisse vermitteln. Auch die wirtschaftliche Plünderung der Entwicklungsländer erzeugt Feindseligkeit. Schließlich werden die Völker sich bewaffnen in der Hoffnung, auf solche Art die Hungersnot zu überleben.

Projekte, die der Symptomheilung dienen, haben schon vielen zu Reichtum verholfen, brachten aber der Bevölkerung keinerlei Nutzen oder Vorteile. Etwa 100 Milliarden DM, getarnt als Entwicklungshilfe, werden jährlich verschleudert und völlig sinnlos eingesetzt. Sie füllen die Taschen der Mächtigen, statt dort zu landen, wo es dringend nötig und wirklich hilfreich wäre.

Mehr als 85 Prozent der in aller Welt gespendeten Gelder für die Dritte Welt gehen für Verwaltungskosten verloren. Der Rest kommt meistens in die unrechten Hände.

Für Länder, die zu großes Gewicht auf „Wachstum um jeden Preis" legen, auch um den Preis der Zerstörung, erscheint jede Entwicklungshilfe sinnlos. Ebenso für solche Länder, die eine aggressive Wirtschafts- und Entwicklungspolitik durch Überkultivierung, Abforstung und andere Formen der Umweltzerstörung betreiben oder die durch eine Konzentration von sozialer und wirtschaftlicher Aktivität in von Katastrophen bedrohten Gebieten zur Zerstörung der Umwelt beitragen.

Die Hochländer Äthiopiens sind so überkultiviert, überweidet und abgeforstet, daß jede einzelne Bemühung, diesem Land ein bloßes Existenzminimum abzuringen, es auf immer zu zerstören droht. Nach Schätzungen der Vereinten Nationen verursacht die durch Überbeanspruchung des Bodens entstandene Erosion in den äthiopischen Hochländern jährlich einen Verlust von 1 Milliarde Tonnen an Ackerkrume.

Die Politik des Schuldenabbaus der „Dritten Welt" und des generellen „Weltfriedens" haben unsere Erde und die auf ihr lebenden Menschen in den letzten zehn Jahren kaum – und in einigen Ländern überhaupt nicht – weitergebracht. Im Gegenteil: Die Schulden zu vieler Länder sind noch gewachsen, die „Schere zwischen armen und reichen Ländern" hat sich z. T. drastisch weiter geöffnet, und die Chancen der südlichen/östlichen Länder sinken weiter.

Wenn heute die keimende Saat von Rassenunruhen und religiös geführten Bürgerkriegen noch verdrängt und als lokale Konflikte betrachtet wird, so werden wir uns – wenn wir nicht schleunigst handeln – sehr bald aufbegehrenden Massen jahrzehntelang in Schach gehaltener Völker gegenübersehen.

Die erschreckenden Lebensbedingungen in den Hungerländern der Dritten Welt lassen sich am wirksamsten mit den Waffen der Selbsthilfe, der Information und Anleitung, der vorbeugenden medizinischen Maßnahmen und einem gerechten Preisgefüge für die einheimischen Nahrungsmittelproduzenten bekämpfen. Mit anderen Worten: indem man den Menschen hilft, in ihrer eigenen Umwelt auf ihre Grundbedürfnisse selbst sinnvoll zu reagieren.

# Geld und Gier

Keine menschliche Eigenschaft hat zu einer so tiefen Abwertung des Menschentum geführt wie die Habgier.

Das für die Steinzeit so nützliche und lebensnotwendige Habenwollen wird im Zeitalter automatisierter Großindustrien zur tödlichen Falle sinnloser Verschwendung. Der Mensch ist das einzige Lebewesen, das über seinen eigenen Bedarf hinaus annektiert und rafft, jagt und tötet.

Die Vorausplanung wird dem Trieb der Habgier geopfert und das in einer sich rasend vermehrenden Menschheit, für die unsere Erde bald zu wenig Platz haben wird. So wird verständlich, daß der technisch überlegene Weiße Mann bis heute nicht seiner Verantwortung nachkommt, sondern – typisch menschlich – seine Artgenossen gnadenlos und inhuman ausnützt.

Erst (und nur dann) wenn die Menschen der sogenannten Westlichen Welt ihre Verantwortung höher einschätzen als ihre Habgier, werden sie in der Lage sein, die heute anstehenden Probleme erst einmal zu begreifen, um sie dann – vielleicht – zu lösen. Dazu aber ist anstelle von sozialer Alibikosmetik vor allem globales Denken und ein Handeln im Weltmaßstab notwendig.

Wenn wir diesem Denken und Handeln nicht schleunigst Raum geben, verlängern wir die Zeit unseres Leidens, verringern wir die Möglichkeit der Umkehr und machen unsere eigene Zukunft fragwürdig, d. h. zuerst immer unbezahlbarer und am Ende unmöglich.

Die jahrhundertelange Ausbeutung und Zerstörung der Natur im Interesse eines besseren Lebens hat zur Ansammlung großer Reichtümer geführt. Die Umwelt wurde mit den jeweils vorhandenen Mitteln ausgebeutet, Natur wurde umgewandelt in totes Vermögen.

Totes Kapital schreit nach Einsatz und Vermehrung. Es führt zur Produktion über den Bedarf hinaus. Es gibt zahlreiche Waren, für die der Markt erst geschaffen werden muß. Die Reklame ist der erste Akt der Produktion.

Geld ist notwendig: als Tauschmittel, als Zahlungsmittel, als Zählmittel, zur Bewertung von Ware und Leistung. Der Mensch hat es aber auch zu einem Spekulations- und Machtmittel entwickelt, das, losgelöst von Natur und Leben, eigenen Gesetzen gehorcht. Als solches wird das Geld zur zerstörenden Kraft. Es ist zur Handelsware geworden, die man zwar nicht kaufen, aber um einen gewissen Preis (Zinsen) mieten kann. Es unterscheidet sich von allen anderen Waren dadurch, daß der Preis nicht nur einmal und endgültig, sondern wiederholt und fortlaufend (Zinseszinsen) bezahlt werden muß, ohne daß die Ware (das Geld) dabei in das Eigentum des Käufers (Kreditnehmers) übergeht. Wieviel und wie lang der Geldkäufer auch zahlen mag: Er bleibt immer ein Schuldner, der Verleiher bleibt immer ein Gläubiger. Das Geld zeigt die Fähigkeit, sich durch Zins- und Zinseszins ins Unendliche zu vermehren. Nur selten finden wir in der Natur ein uferloses Wachstum, das jedoch immer zum Zusammenbruch führt (Krebs).

Das gegenwärtige Geld- und Schuldensystem weltweit zu aktivieren ist die Aufgabe der Banken. Im Jahre 1990 entfielen auf jeden Erwerbstätigen in Deutschland *private* Konsumentenschulden in Höhe von 9.500,– DM. Das waren rund sechs Prozent der Gesamtverschuldung. Die *öffentlichen* Schulden lagen mit 37.200,– DM je Haushalt bei 24 Prozent der Schuldensäule. Den Zinsendienst bestreitet der Staat durch Steuern, Gebühren, Zölle und andere Abgaben.

Die Schulden der *Wirtschaft* stellten 1990 mit 106.300,– DM je Haushalt 70 Prozent der Gesamtschulden dar. Die Zinsen werden indirekt durch die Preiskalkulation für Industriewaren und Leistungen auf jeden einzelen Erwerbstätigen abgewälzt.

Infolge des ständigen Schuldenwachstums nahmen auch die Belastungen für den Einzelnen zu. So zahlten die Haushalte im Jahre 1950 sechs Prozent des Einkommens für den Zinsendienst, 1970 schon 13 Prozent, 1990 aber 22 Prozent. Rechnet man die gestiegenen Zinsen in Arbeitszeiten um, dann mußte jeder Erwerbstätige 1950 drei Wochen jährlich für die Schuldenbedienung arbeiten, 1970 sieben Wochen und 1990 bereits elf Wochen, also fast ein Vierteljahr.

Hätten wir die Wirtschaftsleistung und damit das Arbeitseinkommen in den vergangenen Jahren nicht ständig steigern können, würden wir rechnerisch heute nur noch für die Zinsen arbeiten. Das bedeutet, daß wir durch unser Schulden- und Zinssystem zum ständigen Wirtschaftswachstum und damit zur Zerstörung der Umwelt, letztlich zur Selbstvernichtung gezwungen werden (nach *Helmut Creutz*).

So wie unserem zerstörerischen Wirtschaftssystem das lebenserhaltende Wirtschaftssystem mit Ethik gegenübersteht, so bietet auch das Schuldensystem zwei Aspekte. Wer durch bescheidene Lebensweise das Geld zurücklegt, das andere für ein komfortables Leben ausgeben (Auto, Reisen, Villa, Vergnügen usw.), wird sich bald eine Reserve erspart haben. Wenn er sie auf Konto oder Sparbuch einer Bank zur Verfügung stellt, wünscht er für seine Bescheidung (Konsumverzicht) in Form von

Zinsen belohnt zu werden. So gesehen ist ein Zinssystem gerechtfertigt.

Zudem sind Schulden nicht gleich Schulden! Es macht einen Unterschied, ob Kredite gewährt werden für den Bau eines Atomkraftwerkes oder für die Aufforstung einer verwüsteten Landschaft. Der Sparer freilich hat keine Möglichkeit, auf die Verwendung seines Geldes Einfluß zu nehmen. Er weiß nicht, ob sein erspartes Geld für ein positives oder ein negatives Projekt eingesetzt wird, ob er mit seinem Geld indirekt das Leben seiner Enkel gefährdet oder begünstigt.

Die gegenwärtige Schuldenwirtschaft führt zur Entwicklung ungesunder Strukturen. Eine immer reicher werdende genießende Minderheit bezieht weltweit ein leistungsfreies Einkommen, das von einer wachsenden Armee fronender und dennoch immer arm bleibender Zeitgenossen erarbeitet wird.

Die überproportional wachsenden Zinsströme erweitern ständig die Kluft zwischen Arm und Reich. Der Zinseszinseffekt ist die Hauptursache der überproportional wuchernden Geldvermögen. Diese aber müssen als Kredite dem Wirtschaftskreislauf wieder zugeführt werden. Geldmangel würde zur Deflation führen, d. h. zu Preisverfall, sinkender Kaufkraft, Arbeitslosigkeit usw.

Angesichts der diktatorischen Allgewalt des Kapitals dürfte die Menschheit falsche Systeme aus eigener Kraft (z. B. durch Revolutionen, neue Politik und neue Systeme) kaum überwinden können. Ein Neuanfang auf dem richtigen Weg ist wohl nur nach weltweiten Katastrophen vorstellbar.

Die eigentlichen Zinsen, also rund zwei Drittel der Kreditzinslasten, fließen als leistungsloses Einkommen an die Geldanleger. Die Überentwicklung der Geldvermögen und damit der Schulden ist die Hauptursache für unsere wachsenden sozialen und ökologischen Probleme (*Helmut Creutz*).

# Wirtschaft ohne Ethik

Trotz der weltweiten Bemühungen der Umweltschützer schreitet die Zerstörung des Planeten unaufhaltsam fort. Immer wieder müssen die Verteidiger einer gesunden Welt vor der Übermacht der Wirtschaft kapitulieren, weil Politiker und Wirtschaftsführer stur und erkenntnislos auf ihrem falschen Weg *weitergehen,* nämlich dem Weg eines destruktiven Wirtschaftssystems, dem Weg einer Wirtschaft ohne Ethik.

Nichts gegen die Wirtschaft an sich! Wirtschaft tut not. Ohne eine gesunde Wirtschaft ist die Aufrechterhaltung einer geordneten menschlichen Gesellschaft, eines Staates, ja ein Leben in Schönheit und Würde nicht möglich. Eine Wirtschaft aber, deren erste und letzte Maßnahmen oder Unterlassungen einzig und allein durch Überlegungen des *Profits* entschieden werden, ist eine Wirtschaft mit negativem Vorzeichen.

Wenn wir erleben, mit welcher Unbedenklichkeit, ja Gewissenlosigkeit manche Industriezweige ihr Geschäft zum Schaden der Umwelt und auf dem Rücken der Volksgesundheit vorantreiben, so müssen wir staunend wahrnehmen, daß sich unter unseren Augen ein neuer, beinharter und moderner Umweltkolonialismus breitmacht, der aller ethischen Grundsätze entbehrt.

Unser derzeitiges System pflegt alles zu unterlassen, was Geld kostet und keinen Gewinn bringt, selbst wenn es lebensnotwendig und lebensrettend wäre. Es tut und veranlaßt jedoch alles, was Geld bringt, selbst um den Preis der Zerstörung. Ein solches Wirtschaftssystem ist unmoralisch.

Wenn man sich intensiv mit unserer Polit-Wirtschafts-

69

szene befaßt, so muß man den Eindruck gewinnen, daß unsere führenden Politiker und Wirtschaftsbosse mit allem geistigen Raffinement und Eifer an dem Ast sägen, auf dem wir alle sitzen. Die Warnungen der Wissenden veranlassen sie nur dazu, um so eifriger weiterzusägen.

Auch die Wirtschaft muß durch Grundsätze der Ethik geleitet werden. Eine Wirtschaft ohne Ethik ist auf die Dauer ebensowenig lebensfähig wie eine *Gesellschaft* ohne Ethik, ein *Staat* ohne Ethik, eine *Partei* ohne Ethik. Leben, Natur und Mensch müssen vor den Marktgesetzen Vorrang haben.

Gerechterweise muß an dieser Stelle anerkannt werden, daß zahlreiche Industrien schon gewaltige Summen in den Umweltschutz investiert und damit auch Erfolge erzielt haben.

Der westliche Wirtschaftsimperialismus führt zum Sittenverfall. Da wird auf das Übelste danebengewirtschaftet, da leben die Menschen über ihre Verhältnisse, da sucht sich jeder seinen Vorteil auf Kosten anderer (*Gen.-Dir.f. Öffentliche Sicherheit, Michael Sika*).

Der Tanz ums Goldene Kalb führt zum Konsumterror. Nicht nur die „legale" Umweltzerstörung durch den Wachstumsfetischismus, durch Reklame, durch Umsatzsteigerung um jeden Preis, sondern auch die zunehmende Anwendung illegaler Methoden: Korruption, Gutachterkauf, Medienmanipulation, Betrug, Unterschlagung wachsen auf dem Boden einer ungebremsten Pofitsucht. Die Verächtlichmachung der Begriffe Ehre, Moral, Rücksichtnahme, Selbstbeherrschung, Sparsamkeit, Opferbereitschaft beschleunigen in der modernen Dschungelgesellschaft diesen Prozeß.

Die Unzulänglichkeit, Ignoranz und Verbrechensfähigkeit der Menschen nimmt immer mehr zu und führt zur unentwirrbaren Verfilzung zwischen Wirtschaft, Politik und Kriminalität.

Wollte man einen Industriemanager fragen, ob er sein Profitdenken mit „Moral" in Übereinstimmung zu bringen vermag, so würde er uns bestenfalls mitleidig belächeln. Aber an der Abteilung für Philosophie der Wirtschaftsuniversität Wien hat man die Zeichen der Zeit erkannt und setzt auf „Ethik und Management", wie eine aktuelle Broschüre zum Thema heißt. Für manche Topmanager sind Ethik und Geschäft geradezu Gegensätze, zumindest wird Ethik in der Wirtschaft als Luxus betrachtet. Für Umwelt- und Lebensschützer indes ist die Ethik kein Luxus, sondern eine Frage des Überlebens. Und wenn unsere Wirtschaft nicht zu den ewigen unerschütterlichen Grundsätzen der Ethik zurückfindet, so wird sie die Erde zerstören und die Menschheit vernichten.

Das heute die ganze Welt umspannende System dieser Wirtschaft ist angetrieben vom Ungeist des Materialismus, von Geldgier und Machtwahn. Sie nimmt überall Einfluß auf die Politik und kennt begreiflicherweise keine Überlebensethik auf Jahrhunderte hinaus.

Heute regiert das Streben nach Augenblicksgewinn in immer größer werdenden anonymen Gruppen. Unternehmen schließen sich zu immer unübersichtlicheren Konzernen zusammen, wodurch hemmungsloser Raubbau an unseren Lebensgrundlagen betrieben wird, für die niemand verantwortlich zeichnet.

Diese Art Wirtschaft hat eine ungeheure Macht. Sie ist stärker als jede Politik. Denn die Politik kann sich heute nur noch in dem engen Spielraum bewegen, den die Wirtschaft ihr übrigläßt.

Die Politik versucht sich in ihrer zunehmenden Angst

vor einer Rezession nach den Forderungen der multinationalen Konzerne zu richten. Die Politiker fürchten, Forschung und Industrie im internationalen Wettbewerb zu behindern, wenn sie naturgerechte und ethische Gesetzesnormen schaffen. Man tanzt weiter um den Götzen Wirtschaftswachstum.

Das Wachstum in der Großindustrie ist in Wahrheit eine schöpferische Zerstörung. Dieses Wirtschaftssystem hat in geradezu ideologischer Besessenheit die Menschheit zu einer Weltanschauung ohne jede Ehrfurcht vor dem Leben und zur brutalen nackten Habgier erzogen.

Nicht allein die Politiker und Wirtschaftsführer, sondern beinahe alle Menschen verstehen nur noch die Sprache des Geldes. Die Sprache des Geldes aber ist eine Sprache des Todes. Die Menschheit wird sich entscheiden müssen zwischen Geld oder Leben.

Die Nationalökonomie mit ihrer völlig veralteten Apparatur des falschen Wirtschaftssystems steht z. Z. völlig hilflos vor ihrem Hauptproblem: der Arbeitslosigkeit. Die sogenannte freie Wirtschaft produziert mitten im angeblichen Paradies der Europäischen Union über 30 Millionen Arbeitslose.

Arme „freie Wirtschaft"! Wieso frei? Sie ist frei von Ideen, wie sie sich selber kurieren könnte. Sie ist frei von allen Beziehungen zur Natur, zum Menschen, zum Leben. Sie ist ein System des Niedergangs. Sie ist frei von Ethik, Anstand, Verantwortung, Ehrgefühl und Ehrfurcht. Daher „freie Wirtschaft".

Soll das heißen, daß demnach unser heutiges Wirtschaftssystem nichts wäre als eine gigantische, perfektionierte Apparatur der Zerstörung und Selbstvernichtung ..., daß wir auf dem falschen Wege dahinrasen, auf dem es keine Umkehr zu geben scheint?

Wie groß und fürchterlich werden die Menschheitskatastrophen sein müssen, um eine Umkehr und einen Neubeginn auf dem *richtigen* Weg zu erzwingen!

Immer wieder präsentiert sich die Wirtschaft als Schutzherrin der Arbeitsplätze und sichert sich damit ungerechtfertigte Sympathien im Volk. Arbeitsplätze sind ungeheuer wichtig. Ein Mensch ohne Arbeitsplatz ist ein Paria, ein Entrechteter am Rande der Gesellschaft.

Aber wenn von Arbeitsplätzen gesprochen wird, müssen wir unseren Politikern und Wirtschaftsführern *dringend* nahelegen, *endlich* zwischen positiven und negativen Arbeitsplätzen zu unterscheiden.

Es gibt Arbeitsplätze, auf denen der arbeitende Mensch der menschlichen Gesellschaft *dient* und ihr nützlich ist, sei es durch Erzeugung und Verteilung lebensnotwendiger Güter oder Verrichtung berechtigter Dienstleistungen. Und andere Arbeitsplätze, auf denen er der Gesellschaft Schaden zufügt, sei es durch Erzeugung überflüssiger oder krankmachender Waren, infolgedessen Vergeudung der schwindenden Rohstoffe oder durch Zerstörung der Umwelt.

Solange dieser Unterschied nicht gemacht wird, bedeutet jede Vollbeschäftigung, jede Konjunktur, jede Prosperität, jedes Wirtschaftswachstum nur eine Beschleunigung unseres Weges in die Katastrophe. Wann immer in Wirtschaftskreisen von „Erfolg", persönlicher „Karriere" oder von außerordentlichem „Gewinn" die Rede ist, dürfen wir fast stets annehmen, daß dies durch eine Zerstörung an anderer Stelle bezahlt wurde.

Die *auf negativen Arbeitsplätzen* Tätigen mögen brave, tüchtige und fleißige Menschen sein, aber sie leben in der Unmoral, ja in der Antimoral – oft genug, ohne es zu wissen.

Wenn wir die Möglichkeit hätten, in die Zukunft zu sehen, so würden wir erschrecken, wie viele Leute in Ausübung ihrer anscheinend durchaus harmlosen und ehrbaren Berufe unbewußt Not, Tod und Elend kommender Geschlechter vorbereiten helfen.

Wer einen positiven Arbeitsplatz besetzt, verdient den Ehrentitel eines Arbeiters.

Wer einen negativen Arbeitsplatz besetzt, ist ein Zerstörer, ein Killer!

Die Unterscheidung ist lebenswichtig und dringlich. Nehmen wir an, eine Behörde würde einem die Umwelt gefährdenden oder die Menschen schädigenden Unternehmen hohe Auflagen erteilen, so würde die Werksleitung wahrscheinlich erwidern: „Gut, wir werden dafür sorgen, daß unsere Produktion weder Umwelt noch Menschen schädigt. Das wird uns viele Millionen kosten, und die können wir nur verkraften, wenn wir 500 Arbeiter abbauen ...“

Vor einer solchen Drohung wird heute noch vermutlich jede Behörde und sogar jede Regierung in die Knie gehen. Wie anders aber, wenn die Werksleitung erklären müßte: „Wir müssen 500 Killer abbauen!“ Welch ein Sieg für die menschliche Gesellschaft!

Dabei erschrecken wir vor der Möglichkeit, daß in unserem derzeitigen Wirtschaftssystem am Ende die Zahl der Killer größer sei als die Zahl der Arbeiter. Es müßte heute schon damit begonnen werden, negativ Arbeitende auf positive Aufgaben umzuschulen und damit unsere Wirtschaft und unser Leben wieder *anständig* zu machen.

Wenn jemand fürchten sollte, daß es so viele positive Arbeitsplätze nicht gibt, so sagen wir ihm, daß die Wiedergutmachung an der zerstörten Umwelt und damit die Sicherung der menschheitlichen Zukunft *mehr* Arbeitsplätze erfordern, als wir je besetzen können.

Angesichts der Zerstörung unseres Planeten sind die hochtönenden Phrasen mancher Politiker von der Gewinnung neuer Märkte in der Zukunft irreführend und sinnlos. Wer heute noch meint, vornehmlich in wirtschaftlichen Größen denken und sein Handeln danach ausrichten zu müssen, hat die fundamentalen Zusammenhänge nicht begriffen.

An allererster Stelle des wirtschaftlichen Denkens dürfen nicht der Profit für den Unternehmer und die Sicherheit der Arbeitsplätze stehen, sondern die Verantwortlichkeit gegenüber der Allgemeinheit und der Zukunft. Das falsche Wirtschaftssystem ist – neben der Bevölkerungsexplosion – zur zweithöchsten Gefahr für die Menschheit geworden.

In den letzten Jahrhunderten haben die Menschen mit weißer Haut ihre Fähigkeit bewiesen, zu erfinden und zu unternehmen. Immer mehr müssen sie die Fähigkeit beweisen, daß sie der durch sie verursachten Zerstörung des Planeten Einhalt zu gebieten wissen.

Die multinationalen Mammutkonzerne erweisen sich immer deutlicher als die wahren Regenten dieser Welt. Wenn es nicht gelingt, sie durch den vereinten Völkerwillen zu entmachten, so wird der Planet an der ausbeuterischen Ökonomie zugrunde gehen. Solche Konzerne aber sind auf demokratischem Wege nicht zu beeinflussen.

So müssen wir auf die Hilfe der Natur hoffen, die durch Nöte und Katastrophen den Kurs – oder eigentlich Konkurs – unseres steuerlosen Schiffes korrigieren wird.

# „GATT"

Angesehene, einwandfrei marktwirtschaftlich gesinnte Ökonomen beginnen mit ätzenden Zweifeln an der von ihnen selbst vertretenen Wirtschaftsform: das neue sogenannte GATT (General Agreement on Tariffs and Trade), ein allgemeines Abkommen über Zölle und Handel. Man verspricht den Völkern eine Wohlstandssteigerung in den nächsten zehn Jahren von mindestens 3.200 Milliarden Schilling. Aber wer profitiert von diesem Wohlstandsgewinn, falls er sich wirklich ereignet? Vier Fünftel dieses Gewinns würden in den reichen Industrieländern anfallen. Die Ärmsten gehen praktisch leer aus. Die Armen haben im exklusiven Erpresserklub GATT der wohlhabenden Handelsnationen weiterhin keine Stimme. Die Reichen, Starken sagen den Armen und Schwachen: Entweder ihr macht die Grenzen auf, so daß wir euch mit unseren Produkten überschwemmen können, oder wir kaufen euch von eurem armseligen Zeug nichts ab.

Umweltschutz spielt dabei keine Rolle. Der Umweltökonom *Ernst Ulrich von Weizsäcker* sagte dazu: „Ökologie ist ihnen weniger wichtig als die Beseitigung von Handelsbarrieren. Der Weltmarkt wird zum stärksten Hebel zur Plünderung der Natur und der Rohstoffe und damit zur Keimzelle des Untergangs der Menschheit."

Gegenüber dem Hauptproblem, nämlich der Arbeitslosigkeit, ist das famose GATT völlig hilflos (nach *Günther Nenning*).

# Wissenschaft ohne Ethik

Schon jetzt glaubt man in der Wissenschaft geistige Orientierungslosigkeit zu erkennen. Gerade auf dem Gebiet der Forschung ist eine Art Schizophrenie festzustellen, die zu sogenannten Kulturvölkern gar nicht paßt. Wir haben es mit Naturwissenschaftern zu tun, die mit modernsten Apparaten feststellen, daß die gesamte Schöpfung ein wunderbares Netzwerk ist, das der Mensch zu beschützen und zu bewahren habe. Da treten aber Naturwissenschaftler auf, die durch genetische Manipulation Tiere und Pflanzen und dann wohl auch den Menschen verändern wollen.

In den Vereinigten Staaten darf in Zukunft die Milchproduktion von Kühen mit einem künstlichen Hormon gesteuert werden. Ab 1994 ist die Verwendung der Milchdroge, d. h. der Verkauf einer mit einem gentechnisch hergestellten Hormon versetzten Milch in vollem Umfang erlaubt.

Während einerseits Wissenschaftler stolz auf die Vorzüge der Gentechnik verweisen, wird die Gruppe der Skeptiker und Gegner immer größer: Die Gentechnik und ihr Eingriff in die Natur sei in den Folgen nicht abschätzbar, größte Vorsicht sei daher geboten. Es gibt keinerlei Untersuchungen, wie sich gentechnisch erzeugte Lebensmittel auf die Gesundheit des Menschen auswirken.

Eine Gefahr stellt das Spezialistentum dar und das damit immer mehr eingeschränkte Denken der sogenannten Experten. Sie führt notwendigerweise zu einer immer größeren Hilflosigkeit des Einzelnen. Eine Stufe dahin bildet die Fachbeschränktheit und die Wissenschaftsgläu-

77

bigkeit. Wir wissen über immer weniger Einzelbereiche immer besser Bescheid.

Anstelle des überlebensnotwendig gewordenen globalen Denkens tritt die analytische Wissenschaft, die, in immer weitere Einzeldisziplinen aufgespaltet, zu einer wachsenden geistigen Verarmung des Menschen und zur Kommunikationslosigkeit führt.

Über die lächerlichsten und unwichtigsten Dinge gibt es heute schon schränkefüllende Gutachten mit lexikalischem Charakter. Dies dient nicht mehr der Wahrheitsfindung. Die ewigen Wahrheiten und Weisheiten des Lebens, von denen alles abhängt, finden bei solcher Wissenschaft keine Antenne.

Für die sogenannten Universitätsreformer ist geisteswissenschaftliche Bildung ein Stiefkind, das mit dem Sparstift verstümmelt wird. Die Universitäten sollen „entgeistigt" werden. Man versucht sie herunterzustufen auf eine bloße Ausbildungsstätte für „Praktiker". Was soll eine Universitätsreform, die für alles und jedes vorsorgen will, nur nicht für das Geistesleben! Anscheinend sollen die Universitäten nur noch Dressuranstalten sein für Materielles: Wissenschaft im Dienste der Industrie, technische Fertigkeiten, Zurichtung auf berufliche Ausbildung – eine Reform, die mit dem Niedergang der Universität enden dürfte *(Günther Nenning)*.

Die Ursache dieser Erscheinungen ist die Angst des Politikers vor dem Geist. Die Wirtschaft befiehlt: Fort mit allen „unnützen" Fächern, fort mit allem, was nicht unmittelbar Fachausbildung ist, zugunsten von Wachstum, Leistungskraft, Konkurrenzfähigkeit, Groß- und Größtwirtschaft!

Damit aber ruiniert sich auf längere Sicht die Wirtschaft selbst. Eine Wirtschaft, die produktiv ist, wächst nicht aus der bloßen noch so perfekten Ausbildung von „Fachidioten", wie intelligent, strebsam und ehrenwert diese auch sein mögen. Die dauerhafte Kraft auch der Wirtschaft kommt aus einem blühenden Geistesleben *(Günther Nenning)*.

# Das Bauerntum stirbt

Seit Jahrtausenden gilt es als historische Erfahrungstatsache, daß der Fortbestand einer geordneten Gesellschaft nur durch ein bodenständiges Bauerntum gewährleistet ist. Das Bauerntum war einst Ernährer und mit seinem Kinderreichtum Kraftquell der Nationen. Der Kraftquell ist erschöpft.

Das hat es in der ganzen Geschichte der Menschheit noch nicht gegeben, daß man den wichtigsten Berufsstand, der die Existenz der Menschheit sichert, den Bauernstand, systematisch vernichtet. Automatik des Untergangs.

Der Ackerbau ist auch im Industriezeitalter Voraussetzung für jede andere menschliche Kultur. Die Erhaltung eines leistungsfähigen Bauernstandes ist daher ein gesamtwirtschaftliches Anliegen, das durch beharrliche Öffentlichkeitsarbeit deutlich gemacht werden müßte.

Die großen Meister auf dem Gebiet der Produktivitätssteigerung sind unsere Bauern. Sie produzieren immer mehr mit immer weniger Hilfskräften. Innerhalb von 150 Jahren konnten sie die Anzahl der landwirtschaftlich Beschäftigten von 50 Prozent der Bevölkerung auf heute etwa neun Prozent reduzieren.

In den letzten 40 Jahren hat sich in der Landwirtschaft mehr geändert als in Jahrhunderten zuvor. So haben sich die Flächenerträge verdreifacht, allerdings bei sechsfachem Düngemittel- und noch höherem Spritzmitteleinsatz. Auch in der Nutztierhaltung haben sich die Leistungen vervielfacht. In derselben Zeit ist der Anteil der in der Landwirtschaft Erwerbstätigen auf etwa ein Fünftel zurückgegangen, was durch eine kostspielige

Motorisierung und Mechanisierung ausgeglichen werden muß. Freilich haben sich auch infolge der Industrialisierung der Landwirtschaft die Lebensmittel wesentlich verbilligt.

Das Einkommen eines Bauern erreicht nur 60 Prozent des Durchschnittseinkommens eines Arbeiters. Kein Hilfsarbeiter würde heute mit einem Bauern tauschen, der weder Urlaub noch Feiertag kennt, denn das Vieh hält ihn immer in der Pflicht. So finden die jungen Bauern nur noch schwer eine Ehefrau für die Fron der Landarbeit.

Wenn er das Einkommen eines Jahres auf seine Arbeitszeit hochrechnet, kommt der Bergbauer auf einen Stundenlohn von 15 Schilling und der Bauer im Flachland auf 29 Schilling. Für einen Landarbeiter müßte er pro Stunde 100 Schilling aufwenden und 100 Schilling Lohnnebenkosten dazu.

Allein in der alten Bundesrepublik Deutschland wurde seit 1950 eine Million Bauernbetriebe vernichtet. In allen Staaten Europas starren uns Ruinen ehemals blühender Bauernhöfe an.

Innerhalb von zehn Jahren wurde allein in Schleswig-Holstein jeder dritte der noch 17.000 Vollerwerbsbauernhöfe zum Nebenerwerb reduziert. In Frankreich ist nur noch eine Million Menschen in der Landwirtschaft beschäftigt. 1962 waren es noch vier Millionen. Von dieser einen Million Familienbetriebe in Frankreich werden nach sechs Jahren nur noch 600.000 vorhanden sein.

Während in der sogenannten Dritten Welt Menschen hungern und verhungern, weil auf ihren Äckern Futter für die Tierfabriken reicher Länder wachsen muß, werden in den reichen Ländern Äcker stillgelegt und die Bauern bestraft, wenn sie einen Zentner Frucht zuviel ernten.

Während man in der großen Politik mit großen Worten die freie Marktwirtschaft preist, quält man unsere Bauern weiter unter das Joch einer stalinistischen „Kommandowirtschaft", nicht mehr von Moskau, sondern von Brüssel. In ganz Österreich gibt es noch 80.000 Vollbauern, aber 840.000 öffentlich Bedienstete.

Die Landflucht geht weiter, weil der Bauer zu einem ausgebeuteten Paria der Wohlstandsgesellschaft wurde. Er ist von den meisten sozialen Errungenschaften ausgeschlossen. Wenn der Bauer seine Produktionskosten für eine Tonne Getreide hochrechnet, müßte er dafür 15.000 Schilling erhalten. Er bekommt aber nur 3.500 Schilling.

Die noch lebenden Bauernhöfe sind weithin verschuldet und in eine moderne Leibeigenschaft eines neuen zinsnehmenden Finanzabsolutismus geraten. Mitten in unserer sogenannten freien Marktwirtschaft wird der Bauer total entmündigt.

Hand in Hand mit der Intensivierung, Spezialisierung und Rationalisierung in der Landwirtschaft ging eine starke Zerstörung, nämlich Ausräumung der in Jahrhunderten gewachsenen Kulturlandschaft vor sich, jener Landschaft, welche die Grundlage unseres größten Deviseneinnahmepostens, des Fremdenverkehrs, bildet.

Dazu kommt, daß die „moderne" Landwirtschaft im höchsten Grade importabhängig geworden ist. Im Falle einer Ölkrise bleiben alle Traktoren und landwirtschaftlichen Maschinen stehen. Bei Unterbrechung der Kunstdünger- und Spritzmittelproduktion würden unsere drogenabhängigen Böden zusammenbrechen und jeden Ertrag verweigern.

Jährlich wird in Österreich eine Million Tonnen Düngemittel, werden rund 600.000 Tonnen Eiweißfuttermittel und ca. 60.000 Tonnen Pflanzenfette importiert. Andererseits aber müssen die Überschüsse unserer Landwirtschaft an Getreide, Milch, Rindfleisch, Wein usw. mit staatlicher Stützung im Ausmaß mehrerer Milliarden exportiert werden.

Das Bauerntum stirbt, und mit ihm wird die Landschaft veröden, die das Kapital unseres Landes ist. Ein Drama in Grün ist im Gang, und keine grüne Lobby schlägt Alarm (nach *Ingomar Pust*). Der Bauer wird zum Bettler oder Giftmischer. Dies ist die größte Kulturschande der europäischen Geschichte.

Die bäuerliche Jugend zieht vom Land in die Städte. Millionen bäuerliche Betriebe, die mit viel Arbeit von den Vorfahren aufgebaut wurden, werden aufgegeben. Aus der gesicherten Existenz des bäuerlichen Lebens ziehen die Menschen aus in die Heimatlosigkeit, in Asylantennot und Verarmung.

Die Folgen des Bauernsterbens sind für die ganze Menschheit katastrophal: Krankheit bei Pflanzen, Tieren und Menschen, Ausschüttung von Millionen Tonnen chemischer Stoffe, die nach einer Sickerzeit von 15 bis 20 Jahren ins Grundwasser kommen und allmählich alle Gewässer der Erde verseuchen.

Vier Millionen deutsche Bauern sind bereits aus der Landwirtschaft ins Proletariat vertrieben worden. In Rußland hat Stalin die Bauern erschießen lassen. In Europa werden sie von eiskalten Bürokraten nach dem Muster der Großindustrie und der marxistischen Philosophie lautlos ohne einen Schuß Pulver vernichtet. Experten schätzen, daß in der EU jährlich 35.000 Landwirtschaftsbetriebe sterben werden.

Wie schreibt doch Karl Marx in seinem „Kapital": „In die Sphäre der Agrikultur wirkt das System der

Großindustrie insofern am revolutionärsten, als sie das Bollwerk der alten Gesellschaft vernichtet: den Bauer! ... Der Gebrauch der Maschinerie im Ackerbau wirkt hier noch intensiver als in der Industrie.

... Jeder Fortschritt in der kapitalistischen Agrikultur ist ein Fortschritt in der Kunst, den Boden zu berauben. Je mehr ein Land von der großen Industrie als dem Hintergrund seiner Entwicklung ausgeht, desto rascher findet dieser Zerstörungsprozeß statt. Die kapitalistische Produktion entwickelt daher nur die Technik und die Kombination des gesellschaftlichen Produktionsprozesses, indem sie zugleich die Springquellen allen Reichtums untergräbt: die Erde und den Landwirt.

Sie bewirkt zugleich die Zerstörung des natürlichen Stoffwechsels und – als organisierte Unterdrückung – die Lebendigkeit, Freiheit und Selbständigkeit des Menschen." (Ende des Zitates von Karl Marx).

Die agrarpolitische Leitlinie der „Europäischen Union" ist der sogenannte Strukturwandel, worunter die Beseitigung der kleinbäuerlichen Familienbetriebe und die Bildung von landwirtschaftlichen Großkommunen gemeint ist. Den Zusammenbruch dieses Systems (Kolchosen) haben wir ja in den letzten Jahren in überzeugender Weise erlebt. Die Mittel zur Beschleunigung dieser Entwicklung heißen Preissenkung, zehn bis dreißig Prozent bei Milch, Rindfleisch und Getreide, Frühpensionierung der Bauern und ein Flächenstillegungsprogramm, damit auf den übrigen Flächen um so intensiver chemisch produziert werden kann. Die europäische Agrarpolitik ist die subventionierte Unvernunft (*Walter Schwab*).

Die rein technokratische Zielformulierung und die darauf aufbauende praktische Agrarpolitik schaffen zwar Arbeitsplätze und Gewinne für die Industrie und den

Handel z. B. mit Dünge-, Spritz- und Futtermitteln, Maschinen, Gebäude- und Stalleinrichtungen, Saatgut und Zuchttieren. Sie berücksichtigen aber in keiner Weise den Boden als lebenden Organismus, das saubere Grundwasser als eine unverzichtbare Voraussetzung menschlichen Lebens und das landwirtschaftliche Nutztier als Geschöpf mit einem Recht auf artgemäße Behandlung. (Rechtlich gelten Tiere in den EU-Staaten auch heute immer noch als „Sachen".)

Wie lebensfremd und menschenfeindlich die Einstellung der EU zum Bauerntum ist, ergibt sich aus der Aussage eines führenden EU-Bürokraten (1975): „Ob unsere Nahrung auf den Feldern gewachsen, vom Tier erzeugt oder durch eine chemische Fabrik synthetisch gewonnen wird, ist ernährungsphysiologisch unerheblich, falls sie nur alle erforderlichen Nährstoffe enthält." Bekenntnis eines Halbgebildeten oder Schwachkopfs. Ein lebensgefährlicher Irrtum, der in fortschrittlichen Kreisen Europas seit mindestens fünfzig Jahren überwunden ist.

Eine Studie des Wirtschaftsforschungsinstituts (1988) hat ergeben, daß sich die österreichische Landwirtschaft im EU-Beitrittsfall bei den Betriebsmitteln zwar 2,1 Milliarden Schilling ersparen, jedoch für ihre Produkte 5,7 Milliarden weniger erlösen würde, so daß sich ein Verlust von 3,6 Milliarden Schilling ergibt. Das wäre eine etwa zehnprozentige Einkommensminderung für den Bauern.

Stalin schuf die ersten Flur- und Tierfabriken und machte aus ehemals naturverbundenen Menschen Sklaven der Großindustrie, nämlich Kolchosenarbeiter. Der Agrarstalinismus, der z. Z. in der sogenannten Europäischen Union seine Auferstehung feiert, trägt den Keim der Katastrophe in sich: Kommandowirtschaft, Quoten-regelung, Flurbereinigung, Flächenstillegung, Preisdiktat, das jeden freien Bauernbetrieb vernichtet. Zerstörung der Lebensgrundlagen. Und das mitten in der sogenannten freien Marktwirtschaft.

Die Ingenieure, die Tier- und Flurfabriken planen, haben nur auszurechnen, wie viele Tiere auf kleinstem Raum zusammengepfercht und wie viele Tonnen Getreide pro Hektar geerntet werden können. Zu dieser sogenannten Agrarwirtschaft sind nur noch Beamte und Händler, technische und chemische Hampelmänner nötig, aber keine Bauern. Und da glauben noch viele Leute, man könnte die Agrarwirtschaft getrost den Ingenieuren, Bürokraten und Kommissaren überlassen. Agrarstalinismus nenne ich den für den gesamten Bauernstand der Erde vernichtenden Irrtum, man könnte die Gesetze der kapitalistischen Großindustrie auf die Arbeit des Bauern übertragen (*Walter Schwab*).

Anstelle des Denkens nach den Gesetzen der Natur ist das Streben nach materiellem Profit getreten. Die ganze Menschheit ist einem brutalen Gewinndenken verfallen. Die Habgier ist die Wurzel aller Übel. Die Habgier ist eine zerstörende Kraft.

Der starke Chemieeinsatz zieht schwerwiegende Grundwasserbelastungen nach sich. Der Einsatz überschwerer Traktoren und Maschinen hat arge Bodenverdichtung und großflächige Erosionen zur Folge. Die intensive Tierhaltung hat zur steigenden Krankheitsanfälligkeit und infolgedessen zum vermehrten Medikamenteneinsatz geführt, der mit dem Tiermist wieder dem Boden anheimgegeben wird.

Mit dem stets wachsenden Übergewicht der städtischen Bevölkerung stört die kapitalistische Produktion den Stoffwechsel zwischen Mensch und Erde, d. h. die Rückkehr der vom Menschen in Form von Nahrungs- und Kleidungsmitteln vernutzten Bodenbestandteile zum Boden, also die ewige Naturbedingung des Kreislaufs und dauernder Bodenfruchtbarkeit. Sie zerstört damit zugleich die physische Gesundheit des Menschen.

Unabdingbare Verpflichtung eines jeden gesund denkenden Menschen ist heutzutage der Widerstand gegen naturfremde Bürokraten, die dem Bauern die naturfeindlichen Gesetze der Großindustrie zum Schaden der Lebensgrundlagen aufzwingen wollen. Widerstand gegen Gesetzfabrikanten, die zum Leben, zur Natur und zum Menschen keine Beziehung mehr haben.

Wie wird dann unsere neue Gesellschaft ohne Bauern aussehen?

Zu diesem absurden, ökologisch ruinösen und kostspieligen Landbewirtschaftungssystem, das unsere Lebensgrundlagen gefährdet, gibt es nur eine einzige Alternative: den biologischen Landbau. Er ist die einzig verantwortbare Form der Landbewirtschaftung der Zukunft. Mit dem gesunden Bauernstand, der nach biologischen Grundsätzen unsere Lebensmittel produziert, steht oder fällt die Existenz der Menschheit. Wir brauchen eine Solidarität aller Stände mit unseren naturgesetzlich wirtschaftenden Bauern!

Langfristig wäre allerdings das Einkommen der ökologisch wirtschaftenden Bauern über entsprechende Produktpreise zu sichern, wenn folgendes Ziel von der Gesellschaft akzeptiert würde: Jeder Staat muß sich seine Grundnahrungsmittel auf Basis der natürlichen Bodenfruchtbarkeit und artgerechten Tierhaltung selbst erzeugen und gleichzeitig die gewachsene Kulturlandschaft pflegen *(Walter Schwab).*

# Der Wald stirbt

In jeder Minute werden 20 Hektar Regenwald vernichtet. Das Klima in Mitteleuropa verändert sich zusehends. Der kausale Zusammenhang wird kaum mehr geleugnet. In den zurückbleibenden wüsten Mondlandschaften geht eine vielfältige Pflanzen- und Tierwelt zugrunde. Kahlschläge und Industrialisierung zerstören Böden und Gewässer. Damit schwinden die Lebensgrundlagen für die Urwaldvölker.

In nahezu allen Ländern steigt der Umfang der Abforstung und damit der Kahlfläche unaufhaltsam an. Dieser hemmungslose Raubbau wird für die ganze Welt katastrophale Folgen haben. Wo die Statistik regionenweise eine Erweiterung der Waldflächen verzeichnet, handelt es sich um junge Aufforstungen, die in keiner Weise die Wohlfahrtswirkungen des alten Waldbestandes ausüben können.

Man hört und liest meistens nur von der Zerstörung des Regenwaldes in Brasilien. Im brasilianischen Bundesstaat Parana ist die Flächendeckung des Waldbestandes von 85 Prozent im Jahre 1930 auf acht Prozent im Jahre 1980 geschrumpft.

Aber auch die Urwälder in Kanada werden von den dominierenden Holzfirmen in schwindelerregendem Tempo gerodet ohne Rücksicht auf Verluste an Lebensraum für einzigartige Tiere und Pflanzen, ohne Rücksicht auf das Schicksal und die Zukunft der Einwohner. Während der letzten 30 Jahre wurde bereits ein Viertel der Waldgebiete zerstört. In fünfzehn Jahren könnten die meisten der ehrwürdigen Urwälder vernichtet sein. Schon heute aber vergiftet die angesiedelte Papier- und Zellstoffindustrie mit Dioxinen die Luft und die Flüsse. Wenn sich der friedliche Protest, z. B. von seiten Greenpeace legt, kommt es zu Massenverhaftungen. Immer wieder werden Stammesangehörige und Umweltschützer zu Geldbußen und Gefängnisstrafen verurteilt, weil sie sich der Waldzerstörung widersetzt haben.

Die sibirischen Urwälder sind doppelt so groß wie die Regenwälder Amazoniens, sie bedecken 50 Millionen Quadratkilometer und beeinflussen das Weltklima entscheidend, indem sie 40 Milliarden Tonnen Kohlenstoff aus dem Treibhausgas $CO_2$ binden. Seit der wirtschaftlichen Öffnung Rußlands plündern multinationale Holzhandelsgesellschaften die Urwälder der sibirischen Taiga.

Hier findet totale Vernichtung eines der vielfältigsten und wichtigsten Waldökosysteme statt, mit katastrophalen Folgen für das Weltklima. In Sibirien schwindet der Urwald doppelt so schnell wie am Amazonas.

Österreich macht sich mitschuldig, weil es immer noch 200.000 Tonnen Holz aus dem Raubbau in Rußland und 86.000 Tonnen Zellstoff aus den kanadischen Urwäldern importiert.

Mitschuldig sind auch jene Geschäftemacher, die zum allgemeinen Verdruß unsere Briefkästen mit ihrem Reklamematerial vollstopfen, und jene Menschen, die dieser Reklame zum Opfer fallen. Für diesen Unfug sterben täglich ganze Wälder. Wenn man bedenkt, welche Fülle von Produktions- und Transportenergie vergeudet wird, um diese Papierflut zu erzeugen, zu bedrucken, zu verteilen und schließlich – wenn sie ungelesen weggeworfen wird – zu entsorgen, so erkennt man den ganzen Widersinn dieses Systems.

In Sibirien werden jährlich 20.000 Quadratkilometer,

das ist ungefähr ein Viertel der Größe Österreichs, kahl-
geschlagen. An 300 ausländische Unternehmen bewerben
sich um Lizenzen für Schlägerungen und Holzexporte.

Von den sibirischen Tigern gibt es nur noch 300 Stück,
von den Amur-Leoparden nur noch zwanzig.

Die Rodungen machen auch vor Wasser- und Natur-
schutzgebieten nicht halt. Wiederaufforstungen gibt es
nicht, zurück bleibt eine Mondlandschaft.

Es werden moderne Holzerntemaschinen eingesetzt,
die innerhalb von dreißig Sekunden automatisch einen
Stamm umlegen, entasten, in transportable Stücke schnei-
den, einen Stamm, der in hundert Jahren gewachsen ist.
Auf diese Weise erreicht der Raubbau etwa 380 Millionen Kubikmeter geschlägertes Holz im Jahr *(Friedrich
Graupe)*.

Die Wälder in den Himalajazügen machen ein Viertel
des indischen Waldbestandes aus. Die Geschwindigkeit,
mit der sie abgeholzt werden, ist so gewaltig, daß dieses
riesige Gebirge bereits in der ersten Hälfte des kommenden Jahrhunderts kahl sein könnte. (Gutachten privater
Organisationen aus dem Jahre 1982).

Von Kaschmir (im äußersten Westen) bis Assam (im
äußersten Osten) ergibt sich das gleiche Bild. Unterhalb
einer Höhe von 2.000 Metern steht buchstäblich kein
Baum mehr. Im mittleren Himalajagürtel, der eine
durchschnittliche Höhe von 3.000 Metern erreicht, ist
die Waldfläche, die nach Schätzungen ursprünglich ein
Drittel des Gesamtgebietes ausmachte, nun auf klägliche
sechs bis acht Prozent zusammengeschrumpft.

Alle Anzeichen deuten darauf hin, daß diese Entwicklung bis zur endgültigen Vernichtung des Waldes
anhalten wird.

Weil die wachsende Bevölkerung des Himalaja die

Wälder der bewohnbaren Hänge im Süden des Gebirges rodet, mehren sich die Überschwemmungen.

In ländlichen Bezirken von Zentral-Szetschuan macht der Baumbestand weniger als drei, in einigen Bezirken unter ein Prozent aus. Auf der Insel Hainan vor der Südküste Chinas ist die Waldfläche im Laufe der letzten drei Jahrzehnte von 25 Prozent auf sieben Prozent zurückgegangen.

Die ausgedehnten Rodungen haben zu verstärkter Erosion während der Monsunmonate geführt. Einer Schätzung zufolge betrugen die durch den Monsun verursachten Sachschäden in einem Jahr über zwei Milliarden Dollar, das ist das Vierzehnfache der Fünfzigerjahre. Die Wasserführung des Gangesbeckens während der Trockenzeit ist zwischen 1973 und 1988 um 18 Prozent zurückgegangen.

Allein in Südostasien ist der Holzexport in den letzten zehn Jahren um über 20 Prozent angestiegen. Die internationalen Bemühungen um die Rettung der Regenwälder in Südamerika, in Afrika und in Südostasien sind beträchtlich. Jedoch auch Absprachen der Regierungen werden unter dem Druck des lebensfeindlichen Wirtschaftssystems immer wieder umgestoßen und unwirksam gemacht. Die Geldgier tötet Wälder und Menschen.

Die UNIDO weist die Fläche des tropischen Regenwaldes weltweit mit 1.200 Millionen Hektar aus. Im Fischer-Weltalmanach für 1993 wird ein jährlicher Verlust von mehr als 20 Millionen Hektar tropischen Regenwaldes angegeben. Wir werden also mit einer Vernichtung sämtlicher Regenwälder der Welt in etwa 40 bis 50 Jahren rechnen müssen.

Unklarheit besteht vielfach auch darüber, daß die

Auslandsverschuldung eines Staates eine umweltzerstörende Kraft ist. Als dramatisch muß sicherlich die Situation mancher afrikanischer, südamerikanischer und asiatischer Länder angesehen werden. In vielen Ländern werden die Regenwälder vernichtet, weil der Staat den Zinsendienst für die hohe Auslandsverschuldung bestreiten muß.

*Greenpeace* stellt folgende Forderungen:

1. Eine umweltgerechte Waldnutzung ohne Kahlschläge.
2. Sofortiger und hundertprozentiger Importstop für Hölzer aus Raubbau.
3. Kennzeichnungspflicht für alles in den Handel gebrachte Holz.
4. Staatliche Förderung nur für Projekte, die eine umfassende Umwelt- und Sozialverträglichkeitsprüfung bestanden haben.
5. Wirksame und sparsame Verwendung von Holzprodukten nach dem Grundsatz: Vermeiden, Wiederverwenden und Wiederverwerten.

Eine noch größere Gefahr für den Wald als die Abholzung stellt die Vergiftung der Atmosphäre dar. Die FAO, das ist die Landwirtschaftsorganisation der UNO, gibt an, daß derzeit in ganz Europa etwa 22 Prozent aller Bäume eine Entnadelung oder Entlaubung von 25 Prozent aufweisen und daher als geschädigt gelten müssen. Auch dies ist jedoch nur ein Anfang.

Die Emission von Schwefeldioxyd, das angeblich die Hauptursache für die neuartigen Waldschäden ist, wurde von der Industrie unter Milliardenaufwand in den letzten zehn Jahren auf ein Drittel gesenkt. Nun soll das alles aber bei der Herabsetzung der Waldschäden nichts geholfen haben.

Was die Stickoxyde anbelangt, die in erster Linie durch den Autoverkehr ausgestoßen werden, so mehren sich die wissenschaftlichen Meinungen, daß Stickoxyde der Vegetation nicht schaden, sondern im Gegenteil die Bäume wuchern lassen.

Immer mehr greift die Überzeugung um sich, daß das Waldsterben nicht chemische, sondern physikalische Ursachen hat. Und zwar die schädlichen Strahleneinwirkungen infolge des starken Ausbaues von Kommunikationsnetzen mit Richtfunk und Radar, mit elektromagnetischen Wellen im unteren Dezimeter- und Zentimeterbereich.

Nadeln und Blattrippen der Bäume fangen wie Antennen vorbeistreichende elektromagnetische Wellen ein und wandeln deren Energie im elektrisch leitfähigen Säftestrom eines Baumes in mitwandernde elektrische Ladungen, also in Form von ionisierten Mineralien. Da ständig von den Blattantennen neue Ionen nachgeschoben werden, bleibt ihnen als einzige Möglichkeit das Hinabwandern durch Stamm und Wurzeln in den benachbarten Erdboden. Dieser wird dadurch ionisiert, was biologische Veränderungen im Boden beim Aufschluß der vom Baum benötigten Mineralien und eine negative Beeinflussung des Bodenlebens nach sich zieht.

Im Endeffekt ergibt sich eine zunehmende Versauerung des Erdbodens.

Folglich wäre statt Entschwefelung unserer Großkraftwerke das Abschalten der das Land wie ein Spinnennetz überziehenden Richtfunkanlagen weit wirksamer zur Begrenzung des neuartigen Waldsterbens gewesen.

Es scheint sich ein seit Jahren praktizierter Etikettenschwindel zu vollziehen, wobei immer wieder die sterbenden Wälder zitiert werden, um damit den Verkauf großer Entschwefelungsanlagen und des Kfz-Katalysators zu erwirken.

Namhafte unabhängige Wissenschafter erklären, es könne keine Zweifel geben, daß elektromagnetische Wellen von den Blättern und Nadeln der Bäume empfangen werden.

Übt man Druck auf die Waldschädenforschung aus, damit keine Erkenntnisse über neuartige Strahlenrisiken an die Öffentlichkeit gelangen? Forschungsgelder werden einseitig nur für die *chemische* Ursachenforschung ausgegeben, hingegen für Mikrowellenforschung verweigert. Das Erschreckende ist, daß sich einige Waldschädenforscher in die falsche Richtung manipulieren ließen. Das erweckt Zweifel an der Objektivität unseres Wissenschaftsbetriebes. Es wäre nützlich, wenn aus den Reihen unserer Waldschädenforscher das Hintergrundgeschehen, das zur Ausklammerung der Mikrowellenforschung führte, vor aller Welt an den Pranger gestellt würde.

Es gibt einen zeitlichen Zusammenhang zwischen der Verbreitung der Mikrowellenfunktechnik und dem Auftreten neuartiger Waldschäden. Der Wald braucht nach Abschaltung einer Mikrowellenfunkanlage mehrere Jahre, um sich zu erholen. Zunächst muß die im Boden angesammelte Säure ausgeschwemmt oder durch Kalkung chemisch neutralisiert werden.

Nach einer Faustregel verdoppelt sich die Senderdichte etwa alle vier Jahre. Dann wäre sie 1980 etwa 32 mal so groß gewesen wie 1960. Anfangs starben bevorzugt Nadelhölzer. Etwa ab 1985 traf es zunehmend auch Laubgehölze wie Buchen und Eichen.

Die Bundespost-Telekom und die für bisherige Radaranlagen verantwortlichen NATO- und GUS-Streitkräfte, die man jetzt für die von ihnen angerichteten Umweltschäden zur Kasse bitten möchte, streiten begreiflicherweise alles ab.

Das Pentagon ließ bereits wissen, daß eine Einschränkung des Kurzwellenfunks die nationale Sicherheit der USA in Frage stellen würde. Damit dürften die Forderungen der Umweltschützer ein für allemal abgeschmettert und das Schicksal des Waldes besiegelt sein.

Die Festsetzung von Grenzwerten in Bezug auf gesundheitliche Schäden am Menschen durch Funkwelleneinwirkung wird zwar als notwendig erkannt, doch immer wieder hinausgeschoben. Lebenswichtige Petitionsanträge werden vom Bundesverfassungsgericht nicht zur Entscheidung angenommen *(Dr.-Ing. Wolfgang Volkrodt)*.

Da die Vernichtung der Wälder unaufhaltsam fortschreitet, ist auch die Steigerung und Vermehrung der Katastrophen (Stürme, Überschwemmungen, Dürren usf.) unvermeidlich geworden.

Im Fall des Waldsterbens im Gebirge können die lokalen Auswirkungen leicht vorhergesehen werden: Die entwaldeten Steilhänge geraten in Bewegung, Erdrutsche, Lawinen und Hochwässer können zur Absiedelung heute dicht bewohnter Durchzugstäler und zur endgültigen Unterbrechung wichtiger Verbindungslinien (Straßen und Eisenbahnen) führen. Die Kosten für die Errichtung und Pflege von Schutzbauten könnten den Wert des einst dort geschlagenen Holzes oder abgestorbenen Waldes um ein Vielfaches übersteigen.

# Das Meer stirbt

Die Menschenzahl nimmt zu, die Fischereierträge nehmen ab. Die Ausbeutung der Meere ist nur noch mit dem Kahlschlag der Urwälder vergleichbar. Trotz dieser bedrohlichen Lage stehen immer noch viele wichtige Staaten auf dem Standpunkt: „Fische und andere Meerestiere außerhalb der 200-Meilen-Grenze sind Allgemeingut, und jeder kann sich so viel davon nehmen, wie er will."

Mit endlos langen Todesnetzen, in denen immer weniger gefangen wird, steht der Ausrottungsfeldzug der Japaner im Spitzenfeld. Der Betrieb der etwa 3 Millionen Fischerfahrzeuge auf der ganzen Welt kostet jährlich etwa 1.000 Milliarden Schilling. Der Fang jedoch ist nur noch 800 Milliarden wert.

Die großen Fischereinationen nehmen den Ozeanen wirklich alles, dessen sie habhaft werden können. Und in sehr vielen Fällen nicht zum Essen, sondern für Düngemittel und Schweinefutter. Außerhalb der Küstenzonen, im offenen Meer, gibt es leider keinerlei Vorschriften.

Durch die Überfischung der Weltmeere droht eine Ernährungskatastrophe ebenso wie ein ökologisches Desaster, dessen Auswirkungen noch gar nicht abzuschätzen sind: Der Bestand von 9 der 17 wichtigsten Speisefischarten der Erde nimmt drastisch ab. Makrelen, Heringe, Dorsch und Kabeljau aus dem Atlantik könnten schon bald ausgerottet sein.

So lohnt es sich beispielsweise kaum noch, vor Neufundland die Netze auf Dorsch auszuwerfen. Dort waren einst die reichsten Fischgründe der Welt. Noch 1970 wurden im Nordatlantik und in den angrenzenden

Meeren 3,1 Millionen Tonnen Dorsch gefangen. Jetzt ist es kaum ein Viertel davon, was in der kanadischen Fischereiindustrie zur Entlassung von 30.000 Menschen führte.

Ähnliches gilt für den Hering. Am deutlichsten wird der Raubbau jedoch bei den allseits beliebten Makrelen: Fangquote 1973 noch 418.000 Tonnen, heute, wenn es hochkommt, ein Siebentel davon bei fallender Tendenz.

UNO-Experten äußerten bei einer Konferenz in New York die ärgsten Befürchtungen: In einigen Fällen ist die Zahl der Fische so geschrumpft, daß ihre biologische Existenz gefährdet ist. Die Fortpflanzungsraten sind zu gering. Schon werden Ausdrücke verwendet wie „kommerziell erschöpft", „abgefischt" oder „überfischt".

Die Gründe dafür sind längst klar. Immer größere Fangschiffe setzen immer wirkungsvollere Fanggeräte ein. So wurde beispielsweise in Island ein Schleppnetz hergestellt, in dessen Öffnung zwölf Jumbo-Jets locker Platz hätten. Und die kilometerlangen Treibnetze asiatischer Fischdampfer wurden zum Ärgernis der Welt. So ist es nur noch eine Frage der Zeit, wann ein Punkt erreicht ist, an dem sich der Fischbestand nicht mehr erholen kann. Die Wale, die seit 50 Millionen Jahren existieren, werden vermutlich das nächste Jahrhundert nicht überleben.

1,7 Milliarden Tonnen Stickstoff und 355 Millionen Tonnen Phosphate gelangen jährlich in die Weltmeere. Durch Erosion aus entwaldeten oder zu stark beackerten Gebieten schwemmen die Flüsse jährlich 25 Millionen Tonnen fruchtbare Ackerkrume in die Meere. In Europa werden erst 72 Prozent, in der Dritten Welt nur fünf Prozent der Abwässer geklärt.

Fünfzehn ausrangierte russische Atomreaktoren, darunter sechs von Unterseebooten, wurden mitsamt ihren Uranbrennstäben im Meer versenkt, dabei auch ein atombetriebener Eisbrecher, der so groß war wie ein fünfstöckiges Gebäude. Nach Berichten von Mitarbeitern des Polarinstitutes für Fischereiwesen und Ozeanographie in Archangelsk sterben z. Z. Tausende von Robben an Krebs.

Die abgebrannten (strahlenden) Brennstäbe aus den 42 japanischen Atomkraftwerken werden zumeist nach Frankreich und nach England zur Wiederaufbereitung geflogen. Das gewonnene Plutonium wird auf Schiffen wieder nach Japan (um die halbe Welt herum) zurückgebracht. Wie man hört, sollen Flugzeuge und Schiffe die unangenehme Eigenschaft haben zu fallen oder zu sinken. Sollte dies mit einem der Atomtransporte geschehen, so ist mit einer weltweiten radioaktiven Verseuchung zu rechnen, die unter Umständen jede Nahrungsgewinnung aus den Meeren unmöglich macht.

Wenn ein solcher Katastrophenfall eintritt, so wird man uns, wie üblich und bereits hundertfach gehandhabt, die Beruhigungslüge zu schlucken geben, daß selbstverständlich keine Gefahr bestehe.

Von dem 1989 vor Norwegen verunglückten russischen Atom-U-Boot geht nach russischen Angaben große Gefahr aus. Die beiden Atomsprengköpfe an Bord sind nur noch bis Mitte des Jahres 1995 sicher. Bereits jetzt wurde um das Wrack erhöhte Strahlung gemessen.

# Die Luft – das wichtigste Lebensmittel

Das Atmen wird immer riskanter. Erkrankungen der Atemwege, Erkältungen und Halsentzündungen, die früher eine Woche dauerten, ziehen sich heute oft über mehrere Wochen hin.

Bronchitis, Asthma, Pseudokrupp können mit der Zeit chronisch werden und die Immunabwehr schwächen. Daraus ergibt sich, daß die bestehenden, behördlich festgesetzten Grenzwerte für die Immission von Luftschadstoffen offenbar nicht ausreichen, um die Bevölkerung zu schützen.

Die Hauptverursacher von $CO_2$-Ausstoß sind: USA 31 Prozent, GUS 18,3 Prozent, Deutschland 7,6 Prozent, China 7 Prozent, Großbritannien 4,9 Prozent, Japan 4,7 Prozent.

Internationale Wetterexperten bei einem Kongreß in Genf im April 1993: In den nächsten 50 Jahren verdoppelt sich die Kohlendioxydbelastung der Atmosphäre. Im Laufe des nächsten Jahrhunderts ist mit einer globalen Erwärmung von 1,5 bis 4,5 Grad Celsius zu rechnen. Die Folgen sind Verschiebung der Klima- (und damit Fruchtbarkeits-) Zonen, mit den dadurch ausgelösten Völkerwanderungen, Ansteigen des Meeresspiegels.

Das Ozonloch wächst, und die krebserzeugenden UV-Strahlen dringen ungefiltert auf die Erde. Die Sonne, das Symbol für Wärme, Wachstum und Lebensfreude, wird zur tödlichen Gefahr.

Das Ozon, das uns oben in der Stratosphäre schützt, ist unten auf der Erde hochgiftig. Oben nimmt das Ozon ab, unten nimmt es zu.

Bis zum Jahr 2000 rechnet die Wissenschaft mit

einem Abbau der Ozonschicht von 12 Prozent. Die Hautkrebsrate würde dann bereits 36 Prozent betragen.

Ozon ist auch ein Pflanzengift. Bei Sommerweizen wurden infolge hoher Ozonkonzentrationen Ernteverluste von 31 Prozent festgestellt *(Münchener Umweltinstitut)*.

Die die Ozonschicht angreifenden Chlorverbindungen haben im letzten Winter über der Arktis besonders großen Schaden angerichtet. Das UNO-Umweltprogramm warnt eindringlich vor Auseinandersetzungen um Nahrung, Wasser und Rohstoffe in dem durch die drohenden Klimaveränderungen verschärften Nord-Süd-Konflikt.

# Wasser des Lebens

Ohne sauberes Wasser gibt es kein Leben. Schon vor Jahrzehnten las man, daß in Industriegebieten Wasser getrunken wird, das vordem schon fünf- bis neunmal gereinigt wurde, d. h. ebensosoft einen anderen Organismus durchlaufen hat. Infolge der staatlichen Schweigekriminalität haben sich die Wogen des Entsetzens inzwischen beruhigt, zumal sich auf Grund der Sachlage viele blühende Getränkeindustrien entwickelt haben, deren wichtigster Rohstoff allerdings wieder – das Wasser ist.

Nur 38 Prozent aller Gewässer der Vereinigten Staaten sind zum Schwimmen oder zum Waschen geeignet. Jährlich fließen annähernd 336 Millionen Kilogramm giftiger Chemikalien in die Seen und Flüsse.

In Polen ist nur noch ein Prozent des Wassers gefahrlos zu trinken. In gewissenloser Weise werden immer weitere Gebiete, die noch sauberes Wasser liefern könnten, technisch „erschlossen", d. h. jedem Zufall der Verseuchung ausgeliefert. Wie engstirnig müssen doch Politiker sein, die das muntere Treiben von Geschäftemachern dulden, ohne zu erkennen, daß sie auch ihr eigenes Trinkwasser vergiften.

In den meisten Ländern wird das Grundwasser weit schneller verbraucht als es sich wieder auffüllt. Der Erdenbürger der Zukunft wird sich beim Kochen und Waschen die größten Einschränkungen auferlegen müssen.

Schon vor einem halben Jahrhundert hat Universitätsprofessor *Dr. Hans Adalbert Schweigart* im internationalen Rahmen die Forderung erhoben, daß alle Wasserleitungen verdoppelt werden müßten, da wir es uns nicht mehr leisten könnten, mit Trinkwasser unsere Fußböden und Autos zu waschen und unsere Wasserklosetts zu betreiben. So wie viele andere lebensrettende Vorschläge und Forderungen dieses großen Lebensschutzpioniers hat die Menschheit auch diesen Vorschlag bisher ungehört gelassen.

Heute werden noch Kriege um das Öl geführt. Die Konflikte der Zukunft werden sich um das Wasser entwickeln. Eine besondere Rolle wird hierbei den Hochgebirgsländern zufallen, denn hier liegen die Quellen des lebensnotwendigen Elements, noch mehr oder weniger unbelastet. Fast alle großen europäischen Flüsse entspringen in den Alpen. Den lebenswichtigsten Exportartikel aller Zeiten einzufangen und zu vermarkten ist das größte Geschäft aller Zeiten. Es bedürfte nur intelligenter Politiker, um diesen unschlagbaren Trumpf im diplomatischen Kartenspiel auf den Tisch zu knallen.

Freilich müßten die „Trinkwasserländer" für die Pflege der Wehrgesinnung – wie es die Schweiz tut – und eine starke Heimatarmee Sorge tragen, um nicht der dürstenden Mitwelt zum Opfer zu fallen.

# Die Zerstörung des Urbausteines Atom

Die Natur gewährte dem Menschen die Höherentwicklung der Intelligenz solange, bis er die Mittel der Selbstvernichtung entwickelt hatte. Nunmehr, da er über diese Mittel verfügt, nimmt sie ihm die Intelligenz, so daß er seiner eigenen Schöpfung hilflos ausgeliefert ist.

Mit welch krimineller Gewissenlosigkeit die Atomindustrie vorgeht, ergibt sich aus dem enormen Ausmaß der Strahlenverseuchung in der ehemaligen Sowjetunion. Die genauen Daten sind erst jetzt bekannt geworden. Jahrelang hat man Reaktorabwässer aus dem Majakkomplex in einen Fluß abgeleitet, ohne die Bewohner der benachbarten Dörfer zu warnen und zu informieren. Innerhalb von sieben Jahren war die Verseuchung bis 1.500 Kilometer stromabwärts fortgeschritten. Aber die ahnungslosen Menschen bebauten weiter ihre Felder, tranken das Flußwasser und badeten im Fluß. Schließlich beorderte man Militär in die betroffene Region und vertrieb die Bewohner gewaltsam aus ihrer Heimat, ohne ihnen zu sagen warum. Als sich die ersten Symptome der atomaren Verseuchung zeigten (Todesfälle, chronische Apathie, Leukämie und andere Krebserkrankungen) wurde den Ärzten verboten, die Bevölkerung über die wahre Ursache der Erkrankung aufzuklären.

Auch heute noch zeigt ein am Flußufer aufgestelltes Strahlenmeßgerät Werte an, die das Hundertfache der sogenannten „Toleranzdosis" betragen.

Angesichts der zunehmenden Radioaktivität des Flusses leiteten die sowjetischen Atomleute die strahlenden Abfälle statt dessen in den Karatschai-See. Heute ist der See so stark belastet, daß ein Aufenthalt am Ufer, und sei es auch nur für kurze Zeit, unweigerlich zum Tod führt.

Das Ausmaß der tödlichen nuklearen Verseuchung wurde lange hinter Zensur, gezielter Fehlinformation und einer Mauer des Schweigens verborgen. Aber auch heute noch werden hochradioaktive Stoffe routinemäßig in Seen und Flüsse eingeleitet, sogar komplette Atomreaktoren werden ins Meer versenkt. Ganze Städte sind durch strahlende Giftmülldeponien verseucht oder durch schlampig gebaute und technisch überholte Atomkraftwerke bedroht.

1967 trocknete der Karatschai-See während einer Trockenperiode fast völlig aus. Dadurch kamen auf dem Grund Sedimentschichten zum Vorschein, die durch radioaktive Einleitungen aus dem Majakkomplex verseucht worden waren. Ein Tornado wirbelte den giftigen Staub auf und verteilte ihn über ein Gebiet von annähernd der Größe Nordrhein-Westfalens.

Einer der fünfzig sowjetischen Fachärzte, die mit der Untersuchung des Vorfalls befaßt waren, behauptet, daß damals nicht weniger als 400.000 Menschen erhöhten Strahlendosen ausgesetzt waren. Doch in den Unterlagen der Kliniken wurde regelmäßig jeder Hinweis auf Strahleneinflüsse beseitigt.

Die Verseuchung des Karatschai-Sees reicht über das Grundwasser und die Nebenflüsse des Ob bis in das Nordpolarmeer.

1954 wurde in Kasachstan eine Gruppe von 40.000 Soldaten einem Atombombentest aus 350 Metern Höhe ausgesetzt. Sie trugen weder Gasmasken noch Schutzanzüge und wurden über die Gefahren der Strahlung nicht aufgeklärt. Von diesen 40.000 sollen heute noch 1.000 am Leben sein, alle schwer krank.

Inzwischen gibt es in der ehemaligen Sowjetunion kaum noch Gebiete, die unbelastet sind. 1979 wurde in einer Kohlengrube in der Nähe der Stadt Junokommunarsk in der Ukraine heimlich ein Atomsprengkörper zur Detonation gebracht. Die Druckwelle sollte das Methangas aus der Grube verdrängen. Ungeachtet der radioaktiven Gefahr wurden einen Tag später Tausende von Bergleuten wieder an die Arbeit geschickt.

In Moskau selbst, wo fast neun Millionen Menschen leben, sind mindestens 600 Deponien mit gefährlich hohen Strahlungswerten entdeckt worden.

Eine davon ist im Ismailowski-Park, wo die Moskowiter am Wochenende über einen Markt schlendern und Eltern im Winter mit ihren Kindern Schlitten fahren. Erst vor kurzem kam ans Licht, daß in einem Bach, der zwei Teiche des Parks miteinander verbindet, Cäsium 137 versenkt worden war.

Das Entweichen großer Mengen radioaktiver Strahlung aus Atomkraftwerken wurde regelmäßig vertuscht. 1957 erschütterte eine ohrenbetäubende Explosion Sibirien. Erst vor drei Jahren wurde offiziell zugegeben, daß die Kühlanlage eines Lagerbehälters für hoch radioaktiven Abfall versagt hatte. Der Atommüll war so heiß geworden, daß er mit einer Energie von zehn Tonnen TNT explodierte. Es bildete sich eine radioaktive Wolke mit einem Durchmesser von stellenweise acht Kilometern, die auf ihrem fast 1.000 Kilometer langen Weg eine breite Spur von radioaktivem Staub hinterließ, so daß an die 10.000 Menschen evakuiert werden mußten.

Die Katastrophe von Tschernobyl hat sich in allen Teilen der Welt ausgewirkt. Nach dem Unglück wurde von der sowjetischen Führung offiziell angegeben, daß bei der Explosion 13 Prozent des radioaktiven Cäsiums und

20 Prozent des r. a. Jods frei geworden seien. Das alles war – wie üblich – gelogen!

In Wahrheit waren es 65 Prozent Cäsium und 85 Prozent Jod, die in die Luft gejagt wurden. Dies hat ein amerikanischer Technologieexperte festgestellt. Angeblich wurden aus der Luft 5.000 Tonnen „Löschmaterial" auf den Reaktor abgeworfen. Davon fand sich keine Spur im Reaktor, wohl aber ein ganzes Stück daneben, da man ein glühendes Reaktorbruchstück für den Strahlenherd gehalten hatte.

4.600 Kinder von den rund 10.000 Atomopfern aus Tschernobyl und Umgebung müssen betreut werden. 80 Kinder sind schwer krank, 4.400 invalid, 20 sind Vollwaisen, sieben haben Krebs, fünf davon Schilddrüsenkrebs. Jede Woche stirbt eines der Opfer. Dies ist jedoch erst der Anfang. Die Entwicklung kann mit steigender Tendenz viele Jahre dauern. Nach Tschernobyl wurden 76 Dörfer und Städte mit rund 150.000 Einwohnern evakuiert. Dennoch muß damit gerechnet werden, daß alle diese Menschen atomgeschädigt sind.

Allenthalben hörte man von Hilfs- und Spendenaktionen für die Tschernobylkinder. Man fragt sich, warum dazu nicht jene Leute herangezogen werden, die für das Desaster verantwortlich sind: die Propagandisten, Drahtzieher und Betreiber der Atomkernspaltung.

Etwa 20 Millionen Sowjetbürger waren der in Tschernobyl ausgetretenen Radioaktivität ausgesetzt. Hinzu kommen Millionen andere, die durch bei Unfällen und Atomwaffentests freigewordene Strahlung geschädigt wurden. In einigen Fällen hat man Menschen sogar bewußt als Versuchskaninchen mißbraucht.

In allen nach einem Atomunglück verstrahlten Gebieten sind die letzten lokalen Überlebenden gezwungen,

106

atomvergifteten Eigenbau von ihren verwüsteten Feldern zu essen, um nicht zu verhungern. Für viele ein verseuchtes Leben in Armut und Elend.

Als der Reaktor von Tschernobyl explodierte, wurden 80 Prozent der Gesamtfläche Weißrußlands radioaktiv verseucht. Das Leben von etwa zwei Millionen Menschen, darunter 800.000 Kindern ist in Gefahr. In der Ukraine wurden landwirtschaftliche Nutzflächen und Wälder von etwa der Größe Bayerns verseucht. Die gesundheitlichen Folgen sind katastrophal. In Weißrußland ist die Zahl der Schilddrüsentumore in den letzten fünf Jahren um das 22fache gestiegen, während in einer radioaktiv verseuchten Region in der Ukraine die Magen- und Nierenerkrankungen um 450 Prozent zugenommen haben.

Weite Teile der Republik sind so massiv vergiftet, daß sie auf Jahrzehnte, vielleicht Jahrhunderte hinaus unbewohnbar sind. Fachleute halten die Sanierung des Gebietes, das ein Siebentel der Landmasse der Erde umfaßt, für ausgeschlossen.

Eine solche Atomkatastrophe hinterläßt Generationen der Hoffnungslosigkeit: atomgeschädigt, seelisch gebrochen, zum Teil verkrüppelt. Die ärmsten Strahlenopfer sind die Kinder. Die abgesiedelten Städte sind menschenleere Atomruinen. Die Tschernobylkinder sind kränklich, schwächlich, ermüden schnell, können sich nicht konzentrieren und in der Schule keine volle Lernstunde durchstehen.

Die Annahme, daß die Atomleute der Westlichen Welt Verantwortungsbewußtsein zeigen, wäre unvorsichtig. In den Vereinigten Staaten müssen in den nächsten 30 Jahren 3.200 Milliarden Schilling aufgewendet werden, um „atomare Altlasten zu beseitigen und radioaktive

Böden zu sanieren". Wir wissen aber, daß weder die Beseitigung noch die Sanierung von radioaktiv strahlenden Substanzen technisch durchführbar ist. Das fatale Atomerbe der USA beinhaltet 30 Millionen Kubikmeter Abraum aus dem Uranbergbau und radioaktive Abfälle. Durch Produktion und Wiederverwertung wurden etwa 10,5 Millionen Quadratmeter Boden verstrahlt. Aus der nuklearen Waffenproduktion ergab sich eine ähnliche Hinterlassenschaft von 1,4 Millionen Kubikmetern stark und mittelstark radioaktiven Materials, weiteren 2,5 Millionen Kubikmetern schwachradioaktiven Mülls. Diese gefährlichen Substanzen sind in 3.700 Deponien gelagert.

Man hoffte, das Problem der strahlenden Atomasche werde sich – kommt Zeit, kommt Rat – gewissermaßen von selbst lösen, wenn es erst drängend genug geworden sei. Man sah sich nach Verstecken um, glaubte sie in alten Salzbergwerken gefunden zu haben. Aber heute noch streiten die Experten darüber, ob das Salzgestein denn wirklich imstande sein werde, den heißen Unrat auf die Dauer geologischer Zeiträume zuverlässig vom oberirdischen Leben abzuschirmen.

Man gießt den Müll in Glas oder Beton ein, verschließt ihn in große Tonnen aus feinsten Spezialstählen, aber der Dämon in der Flasche bleibt am Leben und die Flasche selbst ein Provisorium. Der Abfall wird eingemacht und nicht beseitigt.

Die letzte Steigerung des Absurden vollzieht sich bei den atomaren Wiederaufbereitungsanlagen, in denen vor der sogenannten Endlagerung noch einmal das Brauchbare vom Unbrauchbaren geschieden werden soll. Das ist ein technologisches Abenteuer von ganz neuen Dimensionen, das wiederum einen immensen Aufwand und eine übermenschliche Unfehlbarkeit erfordert und im allerbesten Falle damit endet, daß die Wiederaufbereitungsanlagen selber zu strahlendem Müll werden, zerhackt und in Beton und Glas eingegossen und versteckt werden müssen und so weiter in alle Ewigkeit.

Ein Millionstel Gramm Plutonium genügt, daß der Mensch an Lungenkrebs erkrankt. Zwölf Millionstel Gramm sind für den Menschen absolut tödlich.

Rund 230 Tonnen Plutonium haben die Atommächte Rußland und die USA für die Sprengköpfe ihrer Atomwaffen erbrütet. 968 Tonnen Plutonium sind bis Ende 1992 beim Betrieb ziviler Atomkraftwerke als Bestandteil abgebrannter Brennstäbe erzeugt worden. Weitere 63 Tonnen Plutonium entstehen jedes Jahr in den derzeit 424 Atomkraftwerken in 30 Ländern; in den nächsten 16 Jahren dürfte sich die in die Welt gesetzte Menge an Plutonium auf 2.000 Tonnen erhöhen. Mit dieser Menge können 87.000 Atombomben hergestellt werden.

Weltweit produzieren die Atomkraftwerke jährlich eine Plutoniummenge, die für 3,1 Billionen Menschen tödlich wäre.

Alle Versuche, mit dem gefährlichen Langzeiterbe fertig zu werden, sind bisher gescheitert. Die atomare Verseuchung unseres Planeten ist nie mehr aus der Welt zu schaffen.

# Globale Vergiftung

Mit der Zunahme der Menschenzahl auf der Erde werden immer mehr Gifte die Existenz der Menschheit gefährden, so daß bei Steigerung der Schadstoffimmissionen die Menschheit keine Überlebens-Chance mehr haben kann.

Sehr viele Staaten dulden die schleichende Vergiftung. Brunnenvergiftung galt in der menschlichen Gesellschaft schon immer als besonders perfides Verbrechen und wurde mit dem Tod bestraft. Heute werden Brunnenvergifter großzügig belohnt. Automatik des Untergangs.

Die Manager der Chlorchemie und ihre Helfer in Energiewirtschaft, Politik, Medien, Hochschulen und Verwaltungen handeln gemeingefährlich.

Synthetische chlororganische Chemikalien zeigen ausschließlich lebensfeindliche Eigenschaften. Ein Molekül kann Krebs auslösen.

Die Produkte der Chlorchemie sind eine der schwersten Hypotheken des 20. Jahrhunderts. Jährlich werden zur Zeit 40 Millionen Tonnen weltweit produziert.

Eine ins Wasser gelangte Substanz kann nie wieder zu hundert Prozent daraus entfernt werden. Pestizide sind inzwischen auch im Regenwasser in acht- bis zehnfacher Konzentration gefunden worden. Im Umgang mit Pestiziden kommt es im Jahr zu drei Millionen schweren Vergiftungen, von denen 330.000 tödlich verlaufen.

In Bezug auf Insektizide ist gegenwärtig die Wissenschaft als Frühwarnsystem ausgeschaltet. Die Wissenschaft warnt, aber die Politik blockiert. Insektizide dürfen laut Gesetz solange vermarktet und eingesetzt werden, bis mit wissenschaftlicher Strenge bewiesen ist, daß sie für den Menschen schädlich sind. Der Mensch wird also zum Versuchstier degradiert.

Im deutschen Umweltprogramm wurde nicht das Vorsorgeprinzip, sondern das Verursacherprinzip zum Grundsatz der Umweltpolitik erklärt, d. h. man wird erst tätig, wenn Schäden aufgetreten sind.

Die fortlaufende Zerstörung aller Lebensgrundlagen auf der Erde durch chemische und radioaktive Schadstoffe könnte man zu Recht als den Dritten Weltkrieg bezeichnen, dessen Folge die totale Vernichtung alles Lebens sein könnte.

Vertreter der chemischen Industrie behaupten, daß ihre Giftstoffe durch den Regen abgewaschen und im Boden neutralisiert würden. Hingegen wurde in einer im Auftrage des Deutschen Umweltministeriums 1989 herausgebrachten Forschungsarbeit festgestellt, daß alle in der Landwirtschaft ausgebrachten chemischen Schadstoffe in die Luft verdampfen oder ins Grundwasser absinken.

Mit dem Regenwasser erreichen sie alle sonst naturbelassenen Flächen, Wald- und Naturschutzgebiete. Sie haben damit auch einen Anteil am Waldsterben. Sie breiten sich in alle Bereiche des irdischen Ökosystems aus und verbleiben in der Luft, im Wasser und im Boden als permanente Gesundheitsgefährdung von Mensch und Tier. Sie lassen sich in den meisten Fällen keineswegs vernichten, sondern bestenfalls nur verschieben, umlagern, anhäufen, verbergen.

Nach diesen wissenschaftlichen Erkenntnissen verstößt die weitere Produktion und die Ausbringung giftiger chemischer Stoffe in die Umwelt gegen die Verfassung jedes zivilisierten Staates. Jede Werbung für als gesundheitsgefährdend erkannte chemische Stoffe und

Verfahren wäre deshalb als Anstiftung zu körperlicher Schädigung zu beurteilen und zu ahnden.

Die chemische Industrie ist alleinschuldig an der Kostenkatastrophe im Gesundheitsbereich, alleinschuldig an der schleichenden Vergiftung von Millionen von Patienten durch toxische Pharmaka, und sie hat sich auch bei der weiteren Vergiftung von Wasser, Luft und Boden durchgesetzt. Die chemische Industrie darf die Menschheit weiter von innen und von außen verseuchen. Die gewählten Volksvertreter sind gegen die Macht der Chemielobby hilflos.

## Haben wir den Mut zur Angst!

Vor einigen Monaten hat ein europäischer Spitzenpolitiker gesagt: „Wer bewußt Ängste fördert, handelt gegen die Interessen der Bürger. Ängste können durchaus den Blick auf die Ursache eines Problems und seine Lösung verstellen. Sie können zur Ratlosigkeit, Verzweiflung, Apathie und Panik führen. Man darf die Menschen daher nicht verschrecken, sonst würden sie kopfscheu. Bedrückung und Gewalt sind Symptome der Angst, wenn sie außer Kontrolle gerät." (Ende des Zitates).

Aber so wie der Schmerz ist auch die Angst ein lebenerhaltendes Alarmsignal der Seele, von der Natur eingebaut wie das Kontrollämpchen an einem Apparat. Sie kann auf eine Bedrohung aufmerksam machen, sie kann anregen, sich mit den Ursachen und Folgen einer Gefahr vertraut zu machen, sie kann die Bereitschaft zur Abwehr und Selbstverteidigung wecken, also durchaus positive Folgen haben.

Wir müssen versuchen, dieses elementare menschliche Gefühl nicht zu verdrängen, sondern uns seiner zum eigenen Vorteil zu bedienen. Man darf sich der Angst nicht ausliefern, sondern sollte sie als eine Art Treibstoff benutzen, als eine Quelle der Kraft, um erkannten Gefahren entgegenzutreten.

Wir müssen die Menschen dazu aufrufen, nicht blindlings in den Untergang zu taumeln. Fangen wir endlich an, uns zu fürchten! Haben wir Mut zur Furcht, zu der Furcht, die den Mut entstehen läßt, meinetwegen den Mut der Verzweiflung, aber den Mut, den wir brauchen, um die auf uns zukommenden Katastrophen zu bewältigen.

Haben wir auch den Mut, Angst zu *machen!* Ängstigen wir unseren Nachbarn wie uns selbst! Ich habe in den letzten vierzig Jahren im In- und Ausland tausend Vorträge gehalten, wahrscheinlich mehr. So rücksichtslos und ernüchternd meine Berichte über die planetarische Zerstörung auch waren – oder eben deshalb: Nie versäumte ich, die Ängste meiner Zuhörer durch einen Aufruf zum Glauben an den Menschen und an die Zukunft zu beschwichtigen, um sie nicht ganz ohne Hoffnung zu entlassen. Es ist möglich, daß dies ein Fehler war. Denn trotz weltweiter Aufklärung stellt man fest, daß die Menschen sich nicht fürchten wollen. Sie haben anscheinend die Phantasie verloren. Sie können sich nicht vorstellen, was auf sie zukommt.

Vor allem die Inaktivitäten und Fehlentscheidungen von Politikern und Wirtschaftsführern lassen erkennen, daß sie sich nur wenig oder gar nicht fürchten. In den Medien präsentieren sich die Arrivierten und Prominenten immer wieder mit dem gleichen stereotypen Siegerlächeln, allenfalls noch mit hochgerecktem Daumen oder dem „Victory"-Zeichen, als Beweis ihrer Furchtlosigkeit. Gebärdenspiel des Untergangs. Ich halte es daher für richtig und zweckmäßig, die Menschen das Fürchten zu lehren, damit sie aus ihrem Wohlstandstaumel erwachen und sich endlich zur entschlossenen Abwehr aufraffen und zusammenschließen.

Eine gesunde Angst zu haben ist in unserer Situation besser als eine apokalyptische Blindheit, die wir bekämpfen und ablegen müssen. Wir sollten uns abgewöhnen, den Ängsten der Zeit mit den verniedlichenden und verharmlosenden Vokabeln der ewig Gestrigen zu begegnen.

# Wo stehen wir?

Die Automatik des Untergangs führt zum Abbau des Menschlichen auf allen Gebieten. *Konrad Lorenz* schrieb schon vor 15 Jahren: „Zur Zeit sind die Zukunftsaussichten der Menschheit außerordentlich trübe. Sehr wahrscheinlich wird sie durch Atomwaffen schnell, aber durchaus nicht schmerzlos Selbstmord begehen. Auch wenn das nicht geschieht, droht ihr ein langsamer Tod durch die Vergiftung und sonstige Vernichtung der Umwelt, in der und von der sie lebt. Selbst wenn sie ihrem blinden und unglaublich dummen Tun rechtzeitig Einhalt gebieten sollte, droht ihr ein allmählicher Abbau aller jener Eigenschaften und Leistungen, die das wahre Menschentum ausmachen.“

Und *Otto von Habsburg:* „Man traut sich gar nicht mehr, die Probleme der kommenden Jahrzehnte ins Auge zu fassen. Die Politik besteht daher weitgehend bloß darin, die Stunde der Wahrheit hinauszuschieben. Man möchte meist nur mehr über den Wahltermin hinwegkommen.“

Aber die Bosse in Wirtschaft und Politik fürchten sich nicht. Sie sind zufrieden mit ihren Millioneneinkünften, die ihnen ein Leben in Luxus ermöglichen. Sie glauben, daß alles so weitergehen müsse. Die Herren Minister und Präsidenten dinieren von einer Konferenz zur anderen und kassieren eifrig Apanagen. Die Schieber verdienen sich krumm und dumm. Wenn es nach ihnen geht, läuft alles bestens und soll in Unendlichkeit so weiter laufen. Nach uns die Sintflut!

Wenn man sich intensiv mit unserer Polit-Wirtschaftsszene befaßt, so gewinnt man den Eindruck, daß unsere

„Führer" mit allem geistigen Raffinement am Untergang arbeiten. Sie scheinen unfähig, Lebenswichtiges von nebensächlichen Dingen zu unterscheiden.

Hinter dem westlich-„demokratischen" Diktat verbergen sich kapitalistische und neokoloniale Ausbeutungs- und Herrschaftsmechanismen. Dies bedeutet nicht nur internationale Industrialisierung, sondern auch Vernichtung der Umwelt, Atomenergie und Chemisierung um jeden Preis, Technisierung der Welt, bis die letzte Pflanze durch einen Plastikbaum ersetzt ist. Die Regierungen dulden oder fördern die Zerstörung der Lebensgrundlagen. Dies führt zum Verlust der geistigen und sittlichen Identität, zur Entstellung der Zeitgeschichte, zu einseitiger Förderungspolitik, Gleichschaltung, Nivellierung, Dekadenz.

Manche Ministerien, die für den Schutz der Verfassung, für Leben und körperliche Unversehrtheit verantwortlich sind, lassen durch ihre konventionelle Praxis erkennen, daß sie nicht fähig oder willens sind, neue Wege zur Vermeidung von Katastrophen einzuschlagen, um den Menschen wieder neue Hoffnung zu geben.

Sie sehen das Leben lediglich unter wirtschaftlichen Gesichtspunkten und werten nur noch Umsatzzuwachs und Produktionssteigerungen als „Maß aller Dinge". Immer weniger erkennen sie jedoch, was um uns herum geschieht, und daß der Zusammenbruch ihrer Systeme unfehlbar kommen muß.

\*

*Die Austrocknung des Planeten* schreitet langsam und geräuschlos voran und zieht nicht die Aufmerksamkeit der internationalen Öffentlichkeit auf sich. Anstatt unsere

Mittel zur *Behebung* von Katastrophen einzusetzen, sollten wir darauf dringen, daß sie zur *Verhütung* von Katastrophen eingesetzt werden.

Anstatt uns auf die bevorstehenden Weltkatastrophen vorzubereiten, setzen wir unsere geistigen und finanziellen Kräfte für den Flug zum Mars ein. Die USA wenden 4 Milliarden Schilling auf, um zu erforschen, wie die menschliche Verdauung im Weltraum funktioniert, oder wie sich die Schwerelosigkeit einer Mozartkugel im All auswirkt.

*Wissenschaft und Technik* sind von ihrem Doppelthron bereits heruntergepurzelt. Alle aufgeklärten Menschen lachen heute schon über die Jammergestalt des „Experten", der statt neuer Lösungen immer nur neue Katastrophen produzieren kann. Die Technik hat sich zwar die Naturgesetze nutzbar gemacht, aber sie zerstört die Natur.

*Bildung* als Grundlage kritischer Wertung ist unerwünscht. Die Maßstäbe der Minderbegabten werden zu Kriterien für alle gemacht. Die Machthaber brauchen Untertanen, nicht Staatsbürger. Eine Gesellschaft von gebildeten Staatsbürgern könnte sich unter Umständen einfallen lassen, Revolution zu spielen. Untertanen haben gelernt zu kuschen.

Der Sinn verschwindet, die Formen nehmen überhand, immer weniger Kopf aber immer mehr Menschen, immer weniger Kultur, aber immer mehr Zivilisation.

Das Ganze erinnert seltsamerweise an eine krebsartige Wucherung. Dieser materialistische Geist schickt sich an, die Traditionen zu zermalmen oder sie mit sogenannten Folkloren zu übertünchen, weil er überall, wo er sich

117

niederläßt, den Absturz der biologischen Vitalität herbeiführt.

Der erfolgreiche Einzelunternehmer wird mit Hilfe von Steuern und Auflagen enteignet, der Fleißige wird benachteiligt, aber der Liederliche durch Staatspensionen belohnt.

Wie weit uns die perfide Methodik des Materialismus und brutaler Egoismen bereits an den Abgrund geführt hat, ahnen die wenigsten.

Unbestreitbar können wir feststellen, daß die Gattung homo non sapiens die Lebensform mit der kürzesten Lebensdauer auf dem Planeten sein wird und vermutlich den längsten Teil ihrer Existenz bereits hinter sich gebracht hat.

Der sogenannte Westen zumindest hat anscheinend keine biologische und politische Kraft mehr. Es drohen unaufhörlich Spannungen und Krisen. Und die Technik schreitet fort.

Immer einfacher wird es, Raketen zu bauen, Atombomben zu konstruieren und sich die dazu nötigen Materialien zu beschaffen.

*

Für das Jahr 2000 wird eine Bevölkerungsziffer von 7,5 Milliarden vorausgesagt. Wenn wir das zur Verfügung stehende und geschätzte Areal an anbaufähigem Boden durch diese Menschenzahl dividieren, so kämen auf den Kopf der Erdbevölkerung 2.000 Quadratmeter fruchtbaren Bodens, auf dem jährlich 520 Kilogramm Getreide reifen könnten. Das sind 1,5 Kilogramm Getreide pro Tag und Kopf mit einem Kalorienwert von 4.500, der auch schwere körperliche Arbeit ermöglicht.

Die Richtigkeit dieser Kalkulation ist davon abhängig, daß

1. die Experten sich nicht geirrt haben; daß
2. das zur Verfügung stehende Areal nach fortschrittlichen, d. h. biologischen Ackerbaumethoden lückenlos bebaut wird; daß
3. der Ernteertrag gleichmäßig und überall dort verteilt wird, wo es Hungernde gibt.

Das Zutreffen dieser Voraussetzungen erscheint durchaus unsicher. Wenn allerdings im Jahre 2050 die Menschenzahl auf 15 Milliarden anwachsen sollte, würden auf den Kopf nur 1.000 Quadratmeter mit einem Ertrag von 1.300 Kalorien pro Tag verbleiben, also viel zu wenig.

In absehbarer Zeit dürften die natürlichen Hilfsquellen der Erde nur noch für die Lebensqualität von maximal zwei Milliarden Menschen zu sichern sein.

*

Während die Weltbevölkerung täglich um etwa 350.000 Menschen wächst, verbrennen wir jeden Tag mehr an fossiler Energie, als in tausend Jahren entstanden ist. In den letzten 200 Jahren verbrauchte die Menschheit etwa die Hälfte aller fossilen Energiereserven, das Ergebnis von über drei Milliarden Jahren Sonneneinstrahlung. Im übervölkerten Deutschland ist der Energieverbrauch zehnmal höher als er in einem umweltfreundlichen stabilen Ökosystem sein dürfte.

In den letzten 40 Jahren wurde die Menschheit mit allen Mitteln auf die Selbstmordenergie – sprich Atomenergie – programmiert. Infolgedessen floß der Investitionsstrom einseitig auf den Atomsektor, während man die Entwicklung von Alternativenergien finanziell verdursten ließ.

Um so leichter war es für die Propagandisten der Öl- und Atomlobby, alle alternativen und erneuerbaren Energien als ungeeignet, unverläßlich und vor allem unwirtschaftlich zu verteufeln. Unbezweifelbar ist es, daß die Atomenergie vom Uranabbau bis zur Endlagerung und Betreuung der strahlenden Abfälle über Jahrtausende mehr Energie verbraucht, als sie erzeugen kann. Von den Millionen geschädigter, d. h. strahlenverseuchter Menschen und den Mordopfern des Atomzeitalters gar nicht zu reden.

Unbestritten ist, daß das Potential der Sonnenenergie ausreicht, um den Gesamtenergiebedarf der Menschheit um ein mehr als Tausendfaches zu befriedigen. Das sind keine Phantasien, sondern die Tatsache wird durch eine Arbeitsgruppe der Vereinten Nationen bestätigt: „Es gilt als gesichert, daß das Gesamtpotential erneuerbarer Energien in der Größenordnung des Zehntausendfachen des gegenwärtigen gesamten Energieverbrauchs der Menschheit liegt."

Deutschland gibt für militärische Verteidigung auch jetzt noch, nach dem Ende des Kalten Krieges, das Siebenfache dessen aus, was für die Entwicklung alternativer Energien ausgegeben wird. Allein die Entwicklung eines neuen deutsch-französischen Panzerabwehrhubschraubers kostet etwa so viel wie Deutschland und Frankreich zusammen bisher für Forschung und Entwicklung der Solarenergie ausgegeben haben.

*

Wir stellen an unsere Umwelt steigende und beinahe hemmungslose Ansprüche. Aber der Preis, den wir dafür zu zahlen haben, steigt potentiell. Für die Welt, die wir den nachfolgenden Generationen überlassen, haben wir uns zu schämen.

Wir müssen das Geschehen in seinen geistigen Ursachen und ökologischen Zusammenhängen sehen und beurteilen. An der Beunruhigung, ja an den Ängsten der Bevölkerung ist die staatliche Schweigestrategie nicht ganz unbeteiligt. Es gibt Leute, die dieses Schweigen und Verschweigen als kriminell bezeichnen, weil es möglicherweise Millionen Tote zur Folge haben könnte, wenn wir nur an die bedenkenlose weitere Förderung und Zulassung des Betriebes von Atomkraftwerken denken.

Der Mensch ist zum Feind der Natur und damit seiner selbst geworden. Der Mensch ist ein Schadinsekt im Zustand der Massenvermehrung. Der Mensch ist eine infektiöse, um sich greifende Hautkrankheit des Planeten. Da aber die Natur stärker ist als der Mensch, wird sie ihren „Todfeind" vernichtend schlagen. Wer heute noch immer nicht daran glaubt, ist blind oder dumm.

*

Warum riskiert der Mensch sich selbst? Was hindert die Menschen daran, nach Einsicht vernünftig zu handeln?

Der Mensch kann eigene Fehler aus eigener Ansicht heraus korrigieren. Er müßte nicht erst aus Katastrophen lernen. Der Alltag lehrt uns jedoch, daß wir nur sehr begrenzt aus Fehlern lernen können. Wir wissen z. B., daß schnelleres Autofahren Leben und Gesundheit gefährdet. Trotzdem bauen wir immer schnellere Autos.

Wir wissen, daß die Rohstoffe knapp werden, und verschleudern sie weiter. Wir wollen Gutes tun und bewirken Schlechtes. Warum schaden wir uns selbst gegen bessere Einsicht?

Schuldzuweisungen an die anderen, die angeblich das Böse tun – profithörige Interessentengruppen, die andere Partei oder die andere Generation – helfen hier nicht weiter. Die Antwort liegt in jedem einzelnen Menschen selbst.

Unser biologisches Erbe, das unser Verhalten steuert, ist an die Lebensbedingungen der *kleinen Gemeinschaft* und der Überlebensstrategie des Jagens und Sammelns angepaßt. (*Kohr:* „Small is beautiful!") Der in Jahrmillionen entwickelte Jagdtrieb hat sich gewandelt zur Jagd nach Geld und Besitz. Der Wunschtraum, schneller zu sein als das flüchtige Jagdwild, hat die Sehnsucht nach dem Fliegen entwickelt und ist heute entartet zum Geschwindigkeitswahn, den wir in verschiedenen Erscheinungsformen erleben. Der Wunsch oder die Notwendigkeit, den langen grausamen Eiszeitwinter zu überleben, hat die Eigenschaft des Sammelns und Hortens herausgebildet. Sie ist heute entartet zu der Manie, möglichst viel zu erraffen und Reichtümer um des Reichtums willen anzuhäufen.

Die uns angeborenen Programme, die unser Denken, unsere Wahrnehmungen und das emotionelle Verhalten bestimmen, erweisen sich als der heutigen Situation nicht gewachsen. Damit werden sie zu Fallstricken, die unsere weitere Existenz gefährden.

Manchmal glaubt man zu spüren, daß die Menschen immer dümmer werden. Viele noch Denkfähige und Schöpferische werden durch Irrlehren, Wahnideen oder Zivilisationsberufe auf ein totes Gleis verschoben, wo

122

ihre Begabung der Gesellschaft nicht mehr zugute kommt oder gar einem unlebendigen Prinzip dient.

Die schwere geistige Störung, der heute schon ein großer Teil der zivilisierten Menschheit verfallen ist, führt dazu, daß man Verrücktheit für normal hält.

Das Wesen Mensch, das sich in einem Jahrmillionen währenden Hordenleben entwickelt hat, versagt in der Herde, d. h. in der Masse.

Eine der verhängnisvollsten Folgen dieses Versagens müssen wir in der Rückentwicklung der geistigen und charakterlichen Kräfte des Menschen erkennen. Die Selbständigkeit des Urteils ist in weiten Bevölkerungskreisen verlorengegangen. Die Krankheitszeichen der Bedenkenlosigkeit und Verflachung mehren sich. Der Frankfurter Soziologe *Hans Fervers* behauptet in einem seiner Bücher, daß zwischen 1790 und 1940 die Menschheit einen Intelligenzverlust von zehn Prozent erlitten haben. Das würde eine Minderung der genialen Begabungen auf ein Sechstel der Renaissancezeit, der überdurchschnittlichen Begabungen auf die Hälfte, der durchschnittlichen Begabungen auf ein Drittel der Renaissancezeit bedeuten. Dafür hätten sich die Grenzfälle des störend schwach Normalen verdreifacht, die Zahl der Beschränkten vervierfacht, die Zahl der Halbidioten verdreißigfacht.

Daraus würde sich das plötzliche Stehenbleiben und Absinken der Kultur erklären, die Kurzsichtigkeit und Kraftlosigkeit politischer und wirtschaftlicher Entscheidungen, der Geltungsverlust der weißen Rasse in aller Welt. Nicht die Farbigen sind plötzlich klüger, sondern die Weißen sind dümmer geworden.

Die Rückentwicklung der geistigen Kräfte ist auch auf falsche Ernährung zurückzuführen, d. h. Mangelnahrung selbst dort, wo die Völker im Überfluß leben. Die Acker-böden der Menschheit werden größtenteils seit vielen Jahrhunderten immer in der gleichen Weise bebaut. Es werden ihnen immer wieder die gleichen Lebensstoffe entzogen, die durch Chemikalien nicht ersetzt werden können. Die meisten unserer Ackerböden sind ermüdet. Aus dem zivilisationskranken Boden greifen die Zivilisationskrankheiten auf den Menschen über. Es hängt alles mit allem zusammen.

Die Schwäche des Geistes ist eine Zivilisationskrankheit. Die Folgen fehlerhafter Ernährung sind am frühesten und unmittelbarsten am Knochenbau und an den Zähnen feststellbar. Lange bevor das Knochengerüst geschädigt ist, können die inneren Organe geschädigt sein. Hier eine Schwächung oder Erkrankung festzustellen, ist schwieriger und langwieriger, weil die Inkubationszeit 20, 30 oder 40 Jahre betragen kann. Lange vor den inneren Organen aber ist das Gehirn geschädigt, weil es das empfindlichste aller Organe ist. Um seine in der Erbmasse veranlagte Höchstleistung entwickeln zu können, ist es auf die ständige Zufuhr bestimmter Mineralstoffe, Spurenelemente und Vitalstoffe angewiesen, die in unserer Ladenkost seit zwei bis drei Generationen fehlen. Das Tragische aber ist, daß Fehlleistungen des Gehirns infolge Mangelernährung nur langfristig offenbar werden, wenn sie Irrtümer, Fehlentwicklungen oder menschheitliches Unglück verursacht haben.

Professor *Jean Hyanveux* von der Sorbonne, Paris, erklärt: „Gesetzt den Fall, es hätte vor 200 Jahren, also etwa um das Jahr 1790 in Europa 50 Prozent begabte und 50 Prozent minderbegabte Menschen gegeben; gesetzt weiterhin den Fall, die Begabten hätten infolge längeren Studiums und möglicherweise einer falsch verstandenen

Verantwortlichkeit erst mit 28 Jahren geheiratet und je zwei Kinder gehabt; die Minderbegabten aber schon mit 24 Jahren geheiratet und je vier Kinder gehabt, so würde es heute in Europa nur noch drei Prozent begabte und 97 Prozent weniger begabte Menschen geben."

Für den Schwachsinn könnte man noch eine Reihe weiterer Ursachen anführen. Schwachsinn ist ansteckend. Schwachsinn erzeugt immer wieder neuen Schwachsinn. Wenn man erlebt, was manchmal auf manchen Bühnen und Bildschirmen und in sogenannten Kunstausstellungen geboten wird, wundert man sich nicht, daß der Schwachsinn von Tag zu Tag mehr um sich greift. Das ist eine durchaus gefährliche Situation, welche die Zukunft der Menschheit in Frage stellt.

Wir alle kennen die Nivellierungsmaschinerie, die das Publikum mit Stumpfsinn berieselt und damit eine Diktatur des Mittelmaßes aufrichtet. Sind die Seelenmanager, die Wunschproduzenten, die Gefühlsmanipulatoren und Bedürfniswecker der internationalen Verführungsindustrie wirklich die wahren Herren der modernen Welt?

Darum ist es so ungeheuer schwer, unseren Mitmenschen die einfachsten und selbstverständlichsten Wahrheiten des Lebens zu vermitteln, jene Wahrheiten, die sie erkennen müssen, nach denen sie handeln müssen, wenn sie geordnet weiterleben wollen.

Es ist wider alle göttlichen Gesetze, wenn das höchst entwickelte Wesen, der Mensch, nur als Ausbeuter und nicht auch als Bewahrer der Natur und seiner selbst auftritt. Eine solche Handlungsweise muß die Natur zum furchtbaren Gegenschlag herausfordern.

Die Schädigung des Gehirns geht einher mit dem Verlust der Ethik. Der Verlust der Moral im Denken, Fühlen und Handeln, den wir überall spüren, in der gesamten menschlichen Umwelt, in der Wirtschaft, in der Politik, in der Wissenschaft; der Verlust der Ethik ist die furchtbarste und folgenschwerste Strafe, die das Gericht der Natur *vorläufig* über uns verhängt hat. Und wir müssen uns darüber klar sein, daß die große Wende, wenn sie überhaupt noch möglich ist, in jedem einzelnen von uns beginnen muß. Jeder einzelne von uns muß sich auf sich selbst besinnen und bei sich selbst beginnen.

Nun wird man vielleicht einwenden wollen, daß der Menschengeist doch in der Gegenwart die höchsten Leistungen vollbracht habe, wenn wir etwa an die Wunder der Mikroelektronik und der Weltraumfahrt denken. Aber wir pflegen mit einem und demselben Wort, nämlich „Geist", zwei grundverschiedene Dinge zu bezeichnen. Die kontemplative, d. h. betrachtende, aufbauende, mit Herz und Seele verbundene Vernunft der Antike ist etwas grundsätzlich anderes als der von Herz und Seele losgelöste kalte Intellekt, der Verstand, der heute die größten Triumphe feiert, aber in seinen letzten Konsequenzen zerstörerische Wirkung hat.

Die Antike vermochte mit ihren geistigen Fähigkeiten, ohne Computer, ohne Labors und ohne Elektronik, durch die einfache Arbeit des Gehirns in die Geheimnisse des Atoms einzudringen, die Kugelgestalt der Erde und die Bewegung der Gestirne und der Erde um die Sonne zu erkennen, eine Leistung, die dem Menschengeist von heute ohne technische Hilfsmittel nicht mehr möglich wäre.

Das Gehirn ist das wichtigste und empfindlichste aller Organe. Es beansprucht 30 Prozent des vom Organismus aufgenommenen Sauerstoffs. Daher ist bei Sauerstoffmangel in erster Linie das Gehirn beeinträchtigt.

Wenn wir an die Tätigkeit des Gehirns und ihre

Auswirkung auf unser Leben denken, so müssen wir uns das Bild eines schwimmenden Eisberges vorstellen. Nur der zehnte Teil der Masse eines Eisberges erscheint über dem Wasser, das übrige ist getaucht und unsichtbar. Etwa im selben Verhältnis steht unser Bewußtsein zu unserem Unterbewußtsein. Was wir mit unseren Sinnen wahrnehmen, was wir denken, planen, beschließen, erkennen, lernen und wissen, und alles was wir aus diesem Bewußtsein heraus in Taten umsetzen, ist nur ein kleiner Teil der Gehirnarbeit. Die eigentlichen Kräfte, die unser Leben bestimmen, wirken im Unbewußten. Da sind es vor allem zwei große Triebe, die unser Leben beherrschen, ob wir wollen oder nicht: der Lebenstrieb und der Todestrieb.

In einem physisch und psychisch gesunden Menschen, ebenso wie in einer gesunden natürlichen Welt ist der Lebenstrieb stärker als der Todestrieb.

Da der Mensch die althergebrachten Regelkräfte der Natur für sich ausgeschaltet hat, schwächt die Natur den Lebenstrieb und läßt den Todestrieb erstarken.

Zeiten des Niedergangs sind dadurch gekennzeichnet, daß der Todestrieb sich stärker auswirkt als der Lebenstrieb. Ich sage Niedergang, nicht Untergang, denn nach dem Untergang kommt nichts mehr. Nach dem Niedergang aber gibt es, dem physikalischen Gesetz der Wellenbewegung gemäß, immer wieder einen Aufwärtsgang, jene Entwicklung, die die Menschheit über kurz oder lang bewirken muß.

Der Todestrieb aus dem Unterbewußtsein zielt nicht nur auf die Selbstzerstörung des Individuums und der Gesellschaft, sondern er zielt auch auf die Zerstörung der Umwelt. So dürfen wir die Verseuchung aller Lebenselemente, die durch den Menschen herbeigeführte Verderbnis von Boden, Wasser und Luft, das Waldsterben, insbesondere die Zerstörung der tropischen Regenwälder, als eine Auswirkung des menschlichen Todestriebes betrachten. Der unaufhaltsame Massenmord an den Tieren, denken wir nur an die Wale und Elefanten: Auswirkung des Todestriebes. Die Atomkernspaltung, die Kriegsrüstung, der Krieg, der Medikamentenmißbrauch, das Chaotentum, die Drogenszene, der Totentanz der Diskotheken: Auswirkung des Todestriebes.

Die Unfähigkeit oder der Unwille, aufbauende von zerstörenden Arbeitsplätzen zu unterscheiden; die Schadindustrie, die Kriminalindustrie, die Flucht vom Bauernhof in die Fabrik, die Reklame, die zur vorzeitigen Erschöpfung der Rohstoffe führt: Auswirkung des Todestriebes.

Gesunde Embryonen werden abgetrieben. Die beispiellosen, für eine gesunde Geistigkeit kaum vorstellbaren Martern, denen im Rahmen der Tierversuche Millionen von Geschöpfen unterworfen werden. Schließlich die Vermassung, die von den Menschen fordert, daß sie blind der Masse und den Tagesparolen folgen ohne zu denken, wie die Lemminge: Auswirkung des Todestriebes.

Alles, was alle Menschen machen, ist meistens falsch.

*

In der Natur geht die hierarchische Rangfolge in der Familie, der Gruppe, dem Rudel, der Herde auf ein Instinktverhalten zurück, das jedem einzelnen Individuum innerhalb der Gruppe zugute kommt und es schützt. Der Mensch hingegen kämpft in seinen Hierarchien vornehmlich zu reinem Eigennutz und damit geradewegs gegen den natürlichen Sinn einer Hierarchie. Statt daß der Stärkere und Klügere seine Verantwortung gegenüber dem Schwächeren wahrnimmt und diesen stützt, wie es im Tierreich der Fall ist, bereichert sich in der Menschenwelt der Stärkere zu Lasten und zum Schaden des Schwächeren.

Eine dem Todestrieb verfallene Menschheit hat keine Zukunft mehr. Was also ist zu tun, um sie zu retten, um uns zu retten? Im großen Durchschnitt werden jene Menschen die größeren Überlebens-Chancen haben, in denen der Lebenstrieb stärker wirkt als der Todestrieb. Es muß uns daher ein Anliegen sein, den Lebenstrieb in uns selbst und in den Menschen unserer Umgebung zu stärken und die Kräfte der Zerstörung zu bekämpfen. Auch hier wird ein jeder bei sich selbst beginnen müssen.

Unter der Wirkung des Todestriebes hat die zivilisierte Welt einen Menschen hervorgebracht, der überwiegend phantasielos ist, mechanisch denkt, unter Leistungsdruck steht; unter geistiger und seelischer Verwahrlosung leidet, freiheitsliebend und doch vielfach versklavt ist, trotz seiner vielen Schwächen selbstbewußt, überheblich und am Ende doch hilflos. Dieses für den Einzelmenschen gezeichnete Bild paßt für die gesamte Gesellschaft.

\*

Auf dem militärischen Sektor haben sich die technischen Möglichkeiten schon in den Sechzigerjahren der Kontrolle des Menschen weitgehend entzogen. Sie übersteigen nicht nur seine materiellen Möglichkeiten, sondern auch seine geistigen Fähigkeiten. Auch hier hat sich der Geist gegenüber der Technik als zu schwach erwiesen.

\*

Wir können es nicht länger verdrängen und leugnen, daß wir vor einem Trümmerhaufen stehen, dem totalen Verlust aller Werte. Man wird kaum noch einen Menschen finden, der sich an die Regeln hält, die sich die Gesellschaft einst gegeben hat. Es herrscht ein eklatanter Mangel an Anstand, Ehrenhaftigkeit und Verantwortung (nach *Michael Sika*).

Wenn nun Katastrophen eintreten, so wird niemand sagen dürfen, daß wir sie nicht vorhergesehen haben. Kann eine gesunde gesellschaftliche Ordnung die Wahrscheinlichkeit massiver Zerstörung oder eines Untergangs einfach ignorieren, nur weil nicht ganz sicher ist, ob die Katastrophe innerhalb der nächsten zehn, zwanzig oder fünfzig Jahre eintreten wird? Es fehlt jedoch die gesunde gesellschaftliche Ordnung. Das ist es.

Es ist kaum zu erwarten, daß der Mensch sich plötzlich besinnt, an seine Brust schlägt und beschließt, sich wieder zum wahren Menschentum zu bekennen. Wohl vorstellbar aber ist, daß die Menschheit durch Katastrophen und jahrhundertelange Todesnot schmerzhaft neu geprägt wird und zu den alten, d. h. ewigen Werten des Menschentums zurückfindet.

Schon die Mythen alter Völker wissen zu berichten, daß eine sündige Menschheit durch Katastrophen zur Demut und zu ihren alten Göttern zurückgeführt wurde.

Vorher müssen wir indes darauf gefaßt sein, daß einige unserer einst stolzen Demokratien sich zu Faustrechtstaaten zurückentwickeln.

Leider müssen wir annehmen, daß eine hungernde und verzweifelnde Menschheit nicht geneigt sein wird, friedlich dahinzuwelken und ergeben abzusterben. Vielmehr glauben wir, daß die führungslosen Massen sich bewaffnen und mordend, raubend und brennend durch die Lande ziehen in einen Krieg aller gegen alle. Wer zuerst schießt oder schlägt, überlebt – bis zum nächsten Mal.

Welche Höllenqualen bei diesem Prozeß auf unsere Tiere warten – die domestizierten wie die wild lebenden – braucht nicht betont zu werden.

Dieser Krieg des Menschen gegen sich selbst, zusammen mit Katastrophen, Hunger und Seuchen wird die Menschheit um einige Milliarden verringern. Der übrigbleibende Rest wird dann klein, demütig und bescheiden, reif und bereit sein, eine neue Epoche der Ehrfurcht vor dem Leben und der alten Werte zu beginnen.

## Trotzdem Hoffnung?

In unserer Situation ist Hoffen zu einem riskanten Unternehmen geworden. Da der Mensch jedoch ohne Hoffnung nicht leben kann, wollen wir zum Schluß doch noch den nahezu aussichtslosen Versuch wagen, nach einem kleinen Fünklein Hoffnung zu graben.

Das Leben war von allem Anbeginn durch Jahrmillionen einer endlosen Reihe von Herausforderungen gegenübergestellt. Es konnte sich nur höherentwickeln, weil es diese Herausforderungen angenommen und sich darin bewährt hat. In der Geschichte gibt es keine Fatalität, sondern nur Willen und Mut. Den Mut zum Wagnis, den Mut zum Leben.

Die Herausforderung, der die Menschheit gegenwärtig gegenübersteht, ist die größte aller Zeiten. Wir haben die Möglichkeit, sie zu ignorieren und darin zugrunde zu gehen. Wir haben die andere Möglichkeit, sie anzunehmen, und gewinnen damit zwei weitere Möglichkeiten: entweder den Untergang, wenn wir uns als zu schwach erweisen, oder das Überleben, wenn wir der Herausforderung gewachsen sind.

Eine Reihe von Naturwissenschaftern vertritt die These, daß bedeutende Entwicklungsschritte zum homo sapiens mit katastrophalen Einbrüchen in seine Lebensbedingungen in unmittelbarem Zusammenhang standen. Den Menschen an den Rand seiner Existenz drängende Katastrophen wären mithin evolutionskonform und damit letztlich auch „gottgewollt", wen oder was auch immer wir uns unter dem Begriff „Gott" vorstellen wollen oder können.

Bequem ist eine solche Vorstellung sicher nicht. Sie

ist aber auch nicht ohne Hoffnung. Besser als die Vorstellung, einem gänzlich verworfenen Geschlecht anzugehören, ist doch noch die Perspektive, im Feuer des Heraklith nach Maßen zu erlöschen und nach Maßen neu zu erglühen. *(Peter Cornelius Mayer-Tasch, Frankfurter Allgemeine Zeitung.)*

Allmählich beginnt das politisch-historische Geschehen hinter dem biologischen Geschehen zurückzutreten. Quer durch die gesamte Menschheit (durch alle Rassen, Nationen, politischen Ideologien und Konfessionen) zieht sich eine biologische Trennungslinie, die das Gesunde vom Kranken trennt. Das Kranke beherrscht und überwuchert das gesamte öffentliche Leben und trägt – dem Naturgesetz gemäß – den Keim des Untergangs in sich. Das Gesunde jedoch ist zum Widerstand entschlossen und nur auf das Überleben bedacht. Es ist so, als hätte die Natur selbst ihre Entscheidung bereits getroffen und eine Auslese vollzogen.

Unabdingbare Verpflichtung eines jeden gesund denkenden Menschen ist heutzutage der Widerstand gegen naturfremde Bürokraten, die den Völkern naturfeindliche Gesetze der Großindustrie zum Schaden der Lebensgrundlagen aller aufzwingen wollen; halbgebildete Gesetzfabrikanten, die zum Leben, zur Natur und zum Menschen keine Beziehung mehr haben. Die in aller Welt wachsenden Schutzbünde und Gesellschaften, die sich die Rettung der Umwelt und des Lebens zum Ziele gesetzt haben, sind ein Beweis für das Versagen der Politiker und ein Signal der Hoffnung für uns alle. Die Summe der Intelligenz ist in der Bevölkerung weitaus größer als in dem Häuflein von Politikern.

Inzwischen stellen immer mehr Experten die Vorgangsweise der Vergangenheit in Frage. Niemand ist jedoch so naiv zu behaupten, es sei ein Leichtes, den Lauf der Geschichte zu ändern. Die Wirkungskräfte, die der Bevölkerungsexplosion und der mangelhaften Güterverteilung innewohnen, sind ebenso mächtig und überwältigend wie die von ihnen verursachten Katastrophen.

Lebenswichtig wäre jetzt eine umfassende Informationstätigkeit aller alternativen Verbände, Kirchen und Medien über die zur Zeit bestehende Lebens- und Gesundheitsbedrohung der Menschheit und die erfolgreichen praktischen Möglichkeiten künftigen Lebensschutzes. Es gilt jetzt, in einer geradezu babylonischen Sprachenverwirrung und Orientierungslosigkeit den Menschen wieder neue Hoffnung zu vermitteln.

Der Weg zu Freiheit und Wohlstand eines Landes geht zu allererst vom Grad der Bildung und dem Wissen einer Gesellschaft aus. Vielleicht steht uns doch noch eine Gnadenzeit für einen Umdenkprozeß zur Verfügung, dessen Bedeutung so gewaltig ist wie noch nie in der menschheitlichen Geschichte.

Wir müssen unser Leben und die Welt, besonders die Zukunft, endlich realistisch sehen. Ein großer Teil der Menschheit hält es anscheinend nicht für nötig aufzuwachen und der Realität ins Auge zu sehen. Wir sollten allmählich dazu übergehen, nicht erst dann zu handeln, wenn wir am Rande des Abgrundes stehen und zum Handeln gezwungen werden. Es geht nicht an, daß wir weiterhin bedenken- und gedankenlos vor uns hinleben. Wir müssen uns beizeiten mit den Dingen beschäftigen, bevor sie sich mit uns beschäftigen.

Wenn die Europäer und die Nordamerikaner, die vorläufig noch zu den führenden Nationen gehören, nicht schleunigst aus ihrem Dornröschenschlaf erwachen, wird sich dies bereits in den nächsten Jahren fürchterlich rächen. Nur durch eine globale biopolitische Reformation hat der Mensch auf dem Planeten Erde noch eine Zukunft.

Eine Hoffnung, die wir haben, ist der Selbsterhaltungstrieb der Machthaber, die sich angesichts ihres eigenen Untergangs möglicherweise zu neuen Erkenntnissen und entscheidenden Maßnahmen entschließen könnten. Bisher scheint es, als würden sie sich mit dem Thema der menschheitlichen Zukunft durchaus nicht entscheidend und nennenswert beschäftigen.

Haben wir noch eine Möglichkeit, einen Rechtsstaat zu schaffen, der schlechte Politiker ablöst und Medien hervorbringt, die dem Volk die Wahrheit sagen dürfen? Gibt es noch eine Chance, die verlogene Weltpolitik und doppelbödige Moral der Machthaber zu überwinden?

Wenn wir weiterhin das Recht für uns beanspruchen wollen, allen anderen Gliedern der Evolutionsgesellschaft überlegen zu sein, so müssen wir unsere Überlegenheit erst unter Beweis stellen. Ausbeutung, Versklavung und Zerstörung der Natur und ihrer Geschöpfe sind noch kein Beweis für moralische Überlegenheit. Diese Überlegenheit besteht nicht in einem überentwickelten Intellekt, ja sie besteht nicht einmal in einer tief begründeten sittlichen Vernunft, sondern sie besteht einzig und allein im moralischen Gewissen.

Der Mensch wird erst dann den Status eines moralischen Wesens wiedererlangen, wenn er sich bemüht, sich selbst Fesseln anzulegen, um sein Dasein wieder  sinnvoll dem Ganzen einzuordnen. Die Ganzheit des Lebens duldet keine Kompromisse. Der Mensch ist und bleibt ein Geschöpf der Natur und ihren ewigen Gesetzen unentrinnbar unterworfen. Die Natur ist stärker als der Mensch. Was unnatürlich ist, ist zugleich auch unmoralisch. Was unmoralisch ist, ist am Ende auch der Wirtschaft abträglich.

An erster Stelle aller möglichen Maßnahmen sehe ich einen Stop der weltweiten Bevölkerungszunahme und einen Stop der Verschwendung der natürlichen Rohstoffe. Dies ist eine Forderung des menschenfreundlichen Humanismus, da Überbevölkerung und Verschwendung lebenswichtiger Güter zu grausamen Kämpfen führen müssen.

Aber der Friede mit der Natur ist ebenso überlebenswichtig wie der Friede der Menschen und der Völker untereinander.

## Massenvermehrung

Die Bevölkerungsexplosion könnte durch drakonische Gesetze zur Begrenzung der Nachkommenschaft, wie sie in China heute schon üblich und wirksam sind, angehalten werden.

Um die *Verschwendungswirtschaft* zu überwinden, müßte allmählich zum Abbau zerstörerischer Arbeitsplätze zugunsten schöpferischer Arbeitsplätze zur Rettung des Planeten übergegangen werden. Es müßte die verhängnisvolle Wirkung übertriebener Reklame erkannt werden, die zu immer weiterer Produktionssteigerung und damit Zerstörung führt.

## Menschenwelle

Die größte Völkerwanderung aller Zeiten beruht auf dem physikalischen Gesetz des Druckausgleichs in kommunizierenden Gefäßen. Sie dürfte daher in keiner Weise beeinflußbar sein.

*Seuche*

Aids ist nur eine und vorläufig die erste der unbesiegbaren Seuchen, mit der wir in den nächsten Jahren zu rechnen haben. Mit strategischer Hintergründigkeit hat die Natur die Offensive gegen den Menschen am schwächsten Punkt des Gegners angesetzt: Sie hat die Ausbreitung der Seuche mit dem stärksten Trieb, dem Geschlechtstrieb, gekoppelt. Die Lust wird immer größer sein als die Angst. Darin liegt die Wirksamkeit der Maßnahme begründet.

Auch aus der verseuchten Umwelt greift die Natur nach den Geschlechtsorganen. Im Verdacht stehen Rückstände von Pestiziden, von Wasch- und Spülmitteln. Die aus der Umweltverschmutzung stammenden gefährlichen Stoffe ahmen die Wirkung von Östrogen nach und blockieren es.

Viele dieser Substanzen können sich im Fettgewebe von Tier und Mensch ein Leben lang halten. Die meisten dringen durch die Plazenta und greifen auf den Fötus über. Damit wird schon in der Gebärmutter das Hormongleichgewicht und möglicherweise die Fortpflanzungsfähigkeit des Nachwuchses zerstört.

Die Zahl der Spermatozoen in der Samenflüssigkeit der Männer ist seit 1940 angeblich um rund 50 Prozent zurückgegangen. Der Krebs an Geschlechtsorganen hat sich verdoppelt und verdreifacht. Kinder kommen mit abnormalen Geschlechtsorganen zur Welt. Aber auch die Tiere sind von solchen und ähnlichen Schädigungen aus der Umwelt nicht ausgenommen *(Prof. J. Barazon, USA)*.

Hohe Schwermetallkonzentrationen im Körper könnten an hormonellen Störungen und Kinderlosigkeit schuld sein. Bei jeder vierten Patientin mit diesen Problemen entdeckten Ärzte der Heidelberger Frauenklinik hohe Konzentrationen an Quecksilber, Blei und Kadmium.

## Jugend

Nur mit der Wiederherstellung und Sicherheit der Familie (mit begrenzter Kinderzahl) könnte auf dem Gebiet der Jugenderziehung ein Neubeginn stattfinden. Eine weitere Voraussetzung dafür wäre die Heranbildung einer Lehrerschaft, die der gigantischen Aufgabe der Regeneration der Jugend und damit der Völker gewachsen ist.

## Politik

Eine grundlegende Neuordnung der Politik dürfte nur dann gelingen, wenn die Menschheit noch hinreichend zahlreiche überragende Persönlichkeiten, d. h. Erscheinungen von historischem Format, aufbringt und die dekadente Mehrheit sie zu erkennen und anzuerkennen vermag.

Durch nahezu zweitausend Jahre haben die Völker Europas in zahlreichen sinnlosen und verbrecherischen Kriegen gegenseitig ihre gesunde Jugend dezimiert. Damit wurden zweifellos auch überragende Begabungen vermindert oder vernichtet. Kein Wunder, daß sie uns heute fehlen.

## Justizwesen

Die Justiz wird möglicherweise von selbst genesen, wenn das Verbrechertum noch mehr ansteigt und Leben und Besitz aller mit der Gerichtsbarkeit befaßten Menschen (Justizminister, Abgeordnete, Staatsanwälte, Richter usw.) in unerträglicher Weise gefährdet.

*Kultur*

Eine Neuordnung der Kultur erscheint schwierig. Denn die kulturschöpferische Kraft ist untrennbar verbunden mit der ursprünglichen Wesensart der Völker. Gesellschaften, in denen sich einmal Unwissen und Unkultur seßhaft gemacht haben, werden kaum durch noch so hohe finanzielle Zuwendungen zu kulturellen Leistungen anzuspornen sein.

*Wissenschaft/Wirtschaft*

Eine Genesung auf diesen Gebieten ist ebenfalls an das Vorhandensein und die Wirksamkeit genialer Persönlichkeiten gebunden. Wenn wir sie nicht mehr haben, so werden wir wohl an den gegenwärtigen Verhältnissen und an dem weiteren Verfall nichts ändern können.

*Landwirtschaft*

Der einseitige und forcierte Chemismus wird eines Tages unweigerlich an sich selbst zusammenbrechen. Die Genesung der verseuchten Böden und Gewässer indes wird viele Jahrzehnte beanspruchen. Wenn die Nöte der Zukunft die Völker dem Hunger unterwerfen, wird der Bauer wieder der erste Mann im Staate sein, weil er der einzige ist, der es versteht, der Erde Nahrung abzuringen.

*Waldsterben*

Hätte das Sterben des Waldes nur atmosphärische (chemische) Ursachen, so wäre eine Rettung des Waldes durchaus denkbar, da die Verringerung oder Abschaffung schädlicher Immissionen durchaus möglich ist. Ob die Wiedergutmachung der durch Mikrowellen verursachten Schäden gelingt, hängt davon ab, ob die Menschheit in

Zukunft andere, unschädliche Möglichkeiten der Nachrichtenübermittlung erfinden wird.

## Meer

Die Wiederbelebung der Meere kann durch international vereinbarte Schonfristen und die Erweiterung der Hoheitsgewässer erwirkt werden. Sie wird aber nur gelingen, wenn die Radioaktivität nicht zu hoch ansteigt.

## Atomkernspaltung

Sie ist eines der zahlreichen Verbrechen des Menschen, das über Lebzeiten des Menschengeschlechtes hinaus weiterwirken und alles Lebende unheilvoll beeinflussen wird. Selbst wenn man von heute auf morgen alle Atomkraftwerke der Welt stillegen könnte, würden die Reaktoren als über Jahrtausende strahlende Ruinen alles Lebendige weiterhin bedrohen.

Um gefährlich strahlende Substanzen auf unserem Planeten für alle Zeiten sicher verwahren zu können, müßte eine Örtlichkeit gefunden werden, die für die nächsten zehntausend Jahre vor Überschwemmungen, Erdbeben, Wassereinbrüchen, Eiszeiten, Klimaschwankungen sicher, zudem vom natürlichen Wasserkreislauf (Grundwasser, Quellen) isoliert und weitab von jeglicher Besiedelung gelegen ist. Eine solche Örtlichkeit gibt es auf der Erde nicht.

\*

Die innerlich beginnende Wende zum Urtümlichen, zurück zu der ewigen Gesetzlichkeit der Natur bedeutet eine zutiefst religiöse Aufgabe. Die Wiederherstellung der re-ligio, der lebendigen Rückverbindung zu den unantastbaren, unveränderlichen „göttlichen" Gesetzen des Lebens ist, was wir zuwege bringen müssen, ist was uns bevorsteht, ist das Einzige, das uns zu retten vermag.

Wir haben leichtsinnig, kurzsichtig und selbstsüchtig auf Kosten der Landschaft und der kommenden Geschlechter uns gute Tage gemacht. Und wir wundern uns jetzt, daß uns die Natur die Rechnung unter die Nase hält. Solche Rechnungen müssen bezahlt werden – bei Strafe des Todes.

Sicherlich wird die Rettung des Planeten die Senkung unseres Lebensstandards erfordern, und dazu wird es noch weitgehender Aufklärungs- und Erziehungsarbeit bei allen Völkern bedürfen.

Aber es ist besser, heute freiwillige Einschränkungen auf sich zu nehmen, als daß morgen das Wort „Lebensstandard" für uns zum Fremdwort wird. Heute zeigt die Wirtschaft noch die Haltung eines Mannes, der im Auto mit 150 Sachen offensichtlich einem Abgrund zurast und sich konsequent weigert, vom Gas wegzugehen und auf die Bremse zu treten. Aber von den Leuten, welche die ständige Steigerung des Bruttosozialproduktes und des Wirtschaftswachstums als höchstes und edelstes Ziel der Wirtschaft, ja der menschlichen Gesellschaft überhaupt, betrachten und predigen, wird empfohlen, die Geschwindigkeit der Fahrt in den Abgrund immer noch zu steigern. Als ob es auf einem begrenzten Planeten ein unbegrenztes Wachstum geben könnte!

Was gefunden und angesteuert werden muß, ist der Kompromiß zwischen den technischen Möglichkeiten und der tragbaren Belastung eines menschenwürdigen

Lebensraumes. Der Mittelweg also zwischen der notwendigen Planung und der persönlichen Freiheit.

In aller Welt mehren sich die Beispiele eines immer mehr um sich greifenden Kampfes um eine neue Lebensform, eine neue Ordnung der Welt, die nur auf der Grundlage einer entscheidenden *inneren* Wandlung möglich ist. Diese nachahmenswerten Beispiele sollen uns trösten und Lebensmut und Zukunftshoffnung zugleich vermitteln.

Der Stand der Umweltzerstörung durch den Menschen hat eine Situation geschaffen so katastrophal und weltweit, wie sie noch nie war. Und so wie etwa im Krieg die erforderlichen Maßnahmen ohne Verzug und mit allem Nachdruck getroffen werden müssen, so werden die Völker der Erde die rettenden Maßnahmen *sofort* zu treffen und ihnen mit allen Machtmitteln des Staates Geltung zu verschaffen haben.

Wir stehen am Ende dessen, was wir bisher unseren stolzen „Fortschritt" nannten, und wir müssen erkennen, daß wir einen falschen Weg gegangen sind. Die Stunde Null ist gekommen, in der wir durch einschneidende Sofortmaßnahmen und sonstige Opfer den gegenwärtigen Stand unserer menschlichen, gesellschaftlichen, wirtschaftlichen und politischen Entwicklung *vielleicht* noch retten können. Wenn wir aber kurzsichtig und unbelehrbar unseren bisherigen Weg weitergehen, so sind wir verloren.

Die Politiker und Wirtschaftsführer aller Länder werden erkennen müssen, daß angesichts der Furchtbarkeit und Unmittelbarkeit der uns bedrohenden Gefahren alle sogenannten „großen" Ereignisse der heutigen Welt (z. B. Revolutions- und Kriegswirren, politische und Währungskrisen, Lohn- und Preiskämpfe, Sportsensationen u. a. und alle Planungen und Aktionen, die mit Eifer für eine

„Zukunft" programmiert werden, z. B. Weltraumfahrt, wirtschaftliche und kulturelle Vorhaben) absolut letztrangig und lächerlich erscheinen und im Grunde sinnlos und wirklichkeitsfremd, d. h. unrealistisch sind!

Politiker, die heute noch bereit sind, Milliarden öffentlichen Geldes für Vorhaben zu vergeuden, die nichts mit der Rettung des Lebens zu tun haben, handeln verantwortungslos und üben Verrat an der Menschheit. Erkennen wir das beängstigende Tempo, mit dem wir uns einer Schwelle ohne Umkehr nähern! Die bislang gültigen Grundsätze und Gepflogenheiten des politischen und wirtschaftlichen Lebens gehören der Vergangenheit an. Es gibt ab nun für alle Völker der Erde nur eine gemeinsame Politik: Die Rettung des Planeten.

Wir haben keine Zeit mehr zu „diskutieren", Schuldfragen zu erörtern, Forschungsinstitute und Kommissionen zu schaffen, um herauszufinden, was zu tun sei. Die von Staat und Wirtschaft unabhängige, moderne und fortschrittliche Wissenschaft hat seit Jahrzehnten nahezu alle Probleme des Lebensschutzes durchleuchtet und Lösungen erarbeitet. Man braucht nur danach zu greifen. Es könnte sofort zur rettenden Tat geschritten werden. *(Hans Adalbert Schweigart)*.

Angesichts der beängstigenden Situation mögen viele Menschen der Meinung sein, daß wir in einer schrecklichen, einer fürchterlichen und unglückseligen Zeit leben. Dies ist ein Irrtum.

Wir leben meiner Überzeugung nach in der interessantesten und großartigsten Epoche der Menschheit, weil wir die gewaltigste und entscheidendste geistige Wende herbeizuführen und zu bestehen haben, eine Aufgabe, wie sie in dieser Größe der Menschheit noch nie gestellt war. Aber auch in der gefährlichsten Epoche, weil die meisten Menschen die Größe der Gefahr noch nicht erkannt haben.

Nur durch die Nöte und Härten des Schicksals konnte das Leben auf der Erde sich höherentwickeln. Aus den Nöten der Zeit werden uns Kräfte zuwachsen, von deren weltweiter Wirksamkeit wir uns vermutlich gegenwärtig noch keine Vorstellung zu machen vermögen.

\*

Seit Bestehen der Menschheit hat es noch keine Macht gegeben, die so wie der Materialismus es fertig gebracht hat, die Intelligenz, die Ethik und den Wert des Menschen auf der ganzen Welt herabzusetzen. Der materialistische Geist ist der Feind, dem gegenüber wir keinerlei Kompromisse dulden dürfen. Dieser aus dem Todestrieb erwachsende Materialismus, der das Gesetz des Niedergangs birgt, ist manchmal schwer zu erkennen, weil er in die scheinbare Logik eines explosiven, technischen und wirtschaftlichen Fortschrittes und des sogenannten Wohlstandes eingefügt ist.

Wir durchqueren zur Zeit eine jener Schicksalsnächte, die in der stürmischen Menschheitsgeschichte so häufig aufgetreten sind, und aus denen sich für die Menschheit immer nur die Kraft zu einer außerordentlichen inneren Selbstwandlung ergeben hat.

Der Lebensschutz beginnt mit der Erkenntnis, daß all unser Denken und Handeln auf die unerschütterlichen Pfeiler einer grundlegenden Ethik gestellt sein muß.

Seit über 40 Jahren gibt es in der Öffentlichkeit die Idee des Lebensschutzes, und es vergeht kein Tag, wo sie nicht erstarkt, obwohl wir am Nullpunkt angefangen haben. Die Zeit arbeitet für uns, weil unsere Werte sich

144

auf der Seite des Lebens und damit auf der Seite der Jugend befinden. Unsere Gegner aber, die Repräsentanten des Todestriebes, halten überholte Systeme aufrecht und behüten ihre Macht. Wir dürfen uns nicht mehr einreden, daß wir Lebensschützer schwach, fertig, zukunftslos seien. Wir sind potentiell nach wie vor die größte Macht in der Welt. Die Zukunft gehört uns, vorausgesetzt, daß wir es wollen.

Für mich steht fest, daß *unsere* Ideen, die Ideen des Lebensschutzes, daß *unsere* Werte am Ende der Entwicklung an der Macht sein, d. h. in sämtlichen sozialen Funktionen zu finden sein werden. Sie bilden die Grundlagen der einzelnen Haltungen vor dem Leben.

Mitten im Verfall, der durch die Mangelhaftigkeit der Systeme verursacht ist, findet die Wiedergeburt des Lebens statt. Um erneut hochzukommen, sagt man, müsse man den Grund berühren. Ich glaube, daß wir den Grund noch nicht erreicht haben.

Mit der Idee des Lebensschutzes wird einer lebenerhaltenden und lebensichernden Weltanschauung wieder Geltung verschafft. Der Lebensschutz erlangt dadurch die doppelte Bedeutung eines Widerstandes und einer historischen Wiederbelebung. Kampf gegen die Todeskräfte, die in den materialistischen Unwerten, in den gegenwärtigen Haltungen und Denkweisen verankert sind.

Da wir die Partei des einfachen, reinen, guten und gesunden Lebens ergriffen haben, sind wir des Endsieges sicher, obwohl wir ihn wahrscheinlich nicht erleben werden.

Das zukünftige biologische Zeitalter wird neue Wertvorstellungen, neue Arbeitsteilungen und neue Ordnungen der Wirtschaft, der Politik und der Gesellschaft fordern und hervorbringen. Die Welt wird eine andere

Struktur aufweisen als heute. Unsere Nachkommen werden anders denken als die Mehrzahl der Heutigen. Die ewigen, unabänderlichen und unabdingbaren Grundwerte des Daseins werden wieder in ihre Rechte eingesetzt sein, weil es ohne sie ein Leben auf Dauer nicht geben kann. Die Menschenwelt der Zukunft wird unter dem Grundsatz der Ehrfurcht vor dem Leben stehen, oder sie wird nicht sein.

Die Ehrfurcht vor dem Leben ist die höchste Ordnung der Ethik. Ethik haben auch viele Tiere, obwohl sie die Ethik nicht brauchen, weil sie nicht Macht ausüben können. Der Mensch braucht die Ethik, weil er Macht ausüben kann. Eine Machtausübung ohne Ethik schafft Zerstörung und Katastrophen.

Ethik ist im Grunde nichts anderes als Religion. Auch die Wissenschaft vermag ohne Ethik nicht auszukommen, sie bewegt sich demnach nicht im emotionsfreien und wertefreien Raum außerhalb von Gut und Böse.

Sicherlich steht uns ein gewaltiger Untergang bevor, aber nicht so wie es oft gesagt und verstanden wird. Untergehen wird das menschliche Bewußtsein in seiner bisherigen Form, weil ein neues, gewandeltes Menschbewußtsein und damit eine neue Lebensform seinen Platz einnehmen werden. Zum erstenmal beginnt der Mensch zu erkennen, daß er in Wirklichkeit ein kleines Teilchen der Schöpfung ist, ihr unabdingbar eingeordnet als gehorsamer Untertan. Der Mensch erwacht zu sich selbst. Er wird sich seiner Größe und Selbständigkeit bewußt, aber auch seiner Kleinheit und Abhängigkeit von der Natur und ihren ewigen unabänderlichen Gesetzen.

Ich schließe mit dem Wort eines großen Lebensschützers, *Wilhelm Ohlenbusch:* „Die Ursache unserer ganzen Misere ist der Mensch. Wir haben Fehler begangen, und

146

wir müssen diese Fehler wiedergutmachen. Das sind wir uns selbst und unseren Nachkommen schuldig. Und es muß ein jeder bei sich selbst beginnen! Wenn jeder von uns in sich geht und in sich selbst tätig wird, an sich arbeitet, wenn er erkennt, was der Mensch im Grunde ist, woher er kommt und wohin er geht, und welche Aufgaben er zu erfüllen hat als Mensch auf dieser Erde: Dann wäre schon ungeheuer viel gewonnen!

Wenn wir in der Lage wären, unsere Mitmenschen dahin zu bringen, sich als winziges Teilchen des Ewigen zu erkennen und zu fühlen, und im Sinne dieses Ewigen zu handeln, so wären praktisch alle Probleme gelöst. Ich nenne es das ewig Wirkende. Das ewig Wirkende in uns, um uns und über uns.

Nennen wir es das Leben, nennen wir es das ewige kosmische Gesetz! Nennen wir es Allmacht, nennen wir es Gott! Es hat keinen Namen, und es braucht keinen Namen. Aber wir spüren und wissen: Es ist da. Wenn wir es auch nicht greifen und begreifen können, das ewig Wirkende, das die natürliche Ordnung auf diesem Planeten von Ewigkeit zu Ewigkeit aufrechterhält. Dieses ewig Wirkende beweist uns seine Treue in jedem Sonnenstrahl, in jeder Blüte, in jedem Getreidekorn, in jedem Vogellied, in jedem Gedanken, in jeder Regung unseres Seelenlebens. Das ewig Wirkende aber verlangt von uns, daß wir auch ihm die Treue halten. Daß wir es nicht verraten in unseren Gedanken und in unserem Handeln. Wir stehen nicht deshalb vor Katastrophen, weil das Ewige uns im Stich gelassen hat, nein, sondern weil wir versagt haben! Das ist das Geheimnis unserer Not.

Es möge jeder von uns die Sonne, die ihm eingeboren ist in seinem Wesen, zum Strahlen bringen über seine Mitmenschen, um ihnen das Licht der Erkenntnis, das

Licht der Wahrheit, aber auch die Kraft, die daraus entspringt, zu vermitteln.

Wenn jeder von uns sich als ein kleines Teilchen des Ewigen fühlt, so nennen wir das Glauben. Ein Glaube, der nicht gelehrt, nicht oberflächlich eingetrichtert werden kann, sondern der aus tiefster Überzeugung, aus einem tiefen Wissen und Unterwissen entspringt, der wahre Glaube. Der Glaube an das Leben, an die Güte des Lebens, an die Ewigkeit des Lebens und an seine ewige unveränderliche Gesetzlichkeit.

Aus den Bedrohungen, die wir selbst gerufen haben, kommen wir nur heraus, wenn wir die himmlischen Kräfte in uns lebendig werden lassen. Unser Ich in den Dienst des Lebens stellen! Das ist das Geheimnis unseres Sieges, des Sieges über uns selbst und über unsere aus den Fugen geratende Welt."

*Mancher aufmerksame und interessierte Leser wird die geringe Zahl von Quellenangaben bemängeln. Aber dieses Buch ist zum großen Teil entstanden aus Pressemeldungen, die ausgeschnitten, geordnet, mit verbindenden Texten versehen und wieder zusammengeklebt wurden (Collage). Es stellt in seiner Art zugleich einen Beweis dar für die Freizügigkeit und Zuverlässigkeit der Presse, die manchmal in Frage gestellt wird.*